Eßbare Blüten

Jekka McVicar

Eßbare Blüten

Rezepte für Genießer

Mit Tips für den richtigen Anbau

Fotos:
DEREK ST ROMAINE

Die Deutsche Bibliothek – CIP-Einheitsaufnahme

Eßbare Blüten : Rezepte für Genießer ; mit Tips für den richtigen
Anbau / Jekka McVicar. Fotos: Derek St. Romaine. [Übers. aus dem
Engl.: Isabella Bartke} - München ; Wien ; Zürich ; BLV, 1998
Einheitssachl.: Good enough to eat <dt.>
ISBN 3-405-15421-9

BLV Verlagsgesellschaft mbH
München Wien Zürich
80797 München

Titel der englischen Originalausgabe:
Good enough to eat
First published 1997 by Kyle Cathie Limited
20 Vauxhall Bridge Road, London SW1V 2SA

© Jessica McVicar
Fotos © Derek St Romaine
Fotos auf Seiten 70, 71 und 119 © Jessica McVicar
Edible Garden Plants © Jessica McVicar and Saul Hughes
Book Design by Prue Bucknall
All rights reserved

Deutschsprachige Ausgabe:
© 1998 BLV Verlagsgesellschaft mbH, München

Produktionsbetreuung: Print Company Verlagsges.m.b.H., Margaretenstr. 87, 1050 Wien
Übersetzung aus dem Englischen: Isabella Bartke
Einbandgestaltung: Sander & Krause Werbeagentur, München
Einbandfotos: Derek St Romaine

Printed in Singapore by TienWahPress · ISBN 3-405-15421-9

WICHTIGER HINWEIS

Dieses Buch enthält Informationen über eine Vielzahl von Blüten. Bevor Sie Blüten und Pflanzen zubereiten oder essen,
überprüfen Sie bitte, ob diese genießbar sind oder nicht. Um herauszufinden, ob Nebenwirkungen oder allergische
Reaktionen auftreten, wird dem Leser empfohlen, zunächst nur kleine Mengen zu probieren.
Autor und Herausgeber können für die negativen Wirkungen der Rezepte, Empfehlungen und Anweisungen in diesem Buch
nicht verantwortlich gemacht werden. Der Leser trägt das Risiko für die Verwendung aller Pflanzen und Blüten bzw. der
daraus zubereiteten Speisen und Getränke selbst.

INHALT

DANKSAGUNG

Mein besonderer Dank gilt Dawn, für die hervorragenden Arrangements der Gerichte, Derek, für seine wundervollen Fotos, Kyle, dafür, daß sie es wiederum gewagt hat. Nicht zu vergessen Anthea, für ihre treuen Dienste am Telefon und Mac, für seine Unterstützung und Ermutigung.

EINLEITUNG

Das Wäldchen stolz, das ich betretend,
Das Veilchen süß, die Lilie rein,
Die Nelke bunt, die Ros' errötend.
aus *The Garland* von Matthew Prior
(1664-1721)

Meine wißbegierige Natur und die Angewohnheit, beim Schlendern durch den Kräutergarten verblühte Blumen abzuschneiden, haben mich zu diesem Buch inspiriert. Vielleicht erscheint es auf den ersten Blick exzentrisch, Blüten zu essen, doch hat man einmal die Hemmschwelle überwunden und Blüten zum ersten Mal gekostet, erkennt man, wie vorzüglich sie schmecken können. Blüten haben einen besonderen, einzigartigen Geschmack und sind für sich, oder mit anderen Zutaten wahre Delikatessen.

Seit jeher wurden Blüten gegessen. Schon die Römer und Griechen verfeinerten ihre Gerichte z.B. mit Nelkenblüten, die Chinesen mit Lilien. In der asiatischen Küche werden auch heute noch Ringelblumen- und Orangenblüten verwendet. Schon im 4. Jahrhundert v. Chr. kannte und schätzte man in Persien die Kapuzinerkresse, und die Inkas verehrten die Sonnenblume sogar bei ihren Zeremonien. Königin Elisabeth I. schwor bei Schlafstörungen auf Lavendeltee. Zu Zeiten Königin Viktorias kam die Mode auf, Gerichten Rosenblüten beizugeben, und kandierte Veilchen waren eine besondere Delikatesse.

Heute sehe ich Blumen in ganz anderem Licht, denn ich schätze nicht nur ihre Schönheit und ihren Duft, sondern überlege auch, für welche Rezepte sie verwendbar sind. Wenn der Koriander zu blühen beginnt, ist es an der Zeit, die Blüten zu ernten. Sie schmecken ähnlich wie die Blätter, die Sie früher ernten können – würzig, erdig, apfelsinenartig und leicht süßlich – und sind köstlich in Salaten, mit Pilzen oder als Garnitur einer Karottensuppe.

In diesem Buch stelle ich Ihnen bekannte Blüten vor und gebe Ihnen Tips, wie Sie sie im Garten oder in Töpfen ziehen können. Ich verrate Ihnen auch köstliche Rezepte, bei den meisten können Sie die angegebenen Blüten durch andere ersetzen, speziell bei der Zubereitung von Blütenölen und -essig (siehe S. 142). Andere sind nur für die angegebenen Blüten gedacht. Es ist verblüffend, wie die Vielfalt von Aromen, Formen und Farben der Blüten Ihre Speisen außergewöhnlich macht. Sie bieten selbst dem verwöhntesten Gaumen neue Geschmackserlebnisse.

Bitte nehmen Sie sich Zeit, den allgemeinen Leitfaden zum Genuß von Blüten zu lesen (siehe S. 156). Er informiert Sie, welche Teile der Blüten wohlschmeckend sind und welche entfernt werden sollten. Ich habe eine Liste ungenießbarer Blüten für Sie zusammengestellt, die Sie keinesfalls essen sollten (siehe S. 157). Wenn Sie im Zweifel sind, ob eine Blüte genießbar ist oder nicht, essen Sie sie besser nicht.

Hier ein Reigen von Rosen,
daneben Nelken in großer Zahl,
dann Stiefmütterchen, die großen,
ist das nicht reizend, allemal!
Aus *Arrangement of a Bouquet* von
Michael Drayton (1563-1631)

Achillea millefolium
SCHAFGARBE

❖

Mehrjährig, 30–90 cm hoch. Flache Blütenstände aus winzigen weißen oder zartrosafarbenen Blüten von Sommer bis Herbst. Bei mildem Klima blüht sie schon zu Weihnachten. Die dunkelgrünen, gefiederten Blätter sind äußerst aromatisch und in kleinen Mengen auch eßbar.

Diese geschichtsträchtige, oft für magisch gehaltene Pflanze der Antike wuchert wild in Feldern und Hecken. Sie ist reich an Blüten, die mild und angenehm schmecken und Salate oder Gemüsegerichte zu einer Delikatesse machen. Hybriden sind *Achillea ‚Taygetea‘* und *Achillea clavennae*, eine kleinwüchsigere Varietät. Die Blüten beider Arten sind der *Achillea millefolium* ähnlich, doch sind nur die Blütenblätter genießbar. In Rabatten oder Töpfen sind sie ein schöner Blickfang.

ANBAU

DURCH AUSSAAT
Im Herbst in Saatschalen oder Torftöpfe säen. Mit Plastikfolie oder Glas abdecken und im kühlen Gewächshaus oder im Freien in einem Frühbeet überwintern. Schafgarbe keimt im Frühjahr oft schlecht aus.

DURCH TEILUNG
Dies ist die verläßlichere Methode zur Vermehrung. Pflanzen im Frühjahr oder Frühsommer teilen.

STANDORT

IM GARTEN
Wählen Sie den Platz sorgfältig aus. Die Schafgarbe ist ein Flachwurzler und sollte an einem Standort gepflanzt werden, an dem sie sich ungehindert ausbreiten kann. In Kübeln gedeiht sie weniger gut (siehe weiteren Text). Bei nährstoffreicher Erde ist die Schafgarbe ein höchst erfreulicher Anblick, bei kargem Boden wird sie weniger hoch. Es entsteht eine kompakte Pflanze, die später auch zur Bepflanzung von Standorten verwendet werden kann, an denen andere Pflanzen nur schlecht gedeihen. Die Schafgarbe ist sehr pflegeleicht und begnügt sich selbst mit einem trockenen Gartenwinkel.

IN KÜBELN
Die Schafgarbe wächst nicht gern in Kübeln, obwohl die Hybriden, wie *Achillea ‚Taygetea‘* und die kürzere *Achillea clavennae*, schön aussehen können. Von ihnen sind jedoch nur die Blütenblätter eßbar. Nach der Blüte zurückschneiden und im Winter nur mäßig gießen.

ERNTE
Pflücken Sie die Blüten, sobald sie sich öffnen. In Essig oder Öl konservieren (siehe S. 142).

KULINARISCHES
Bei Schafgarbe, *Achillea millefolium*, ist die ganze Blüte genießbar. Sie sollten sie jedoch gut waschen! Zupfen Sie die einzelnen Blüten von den Blütenständen. Zu viele Blüten können zu intensiv sein, deshalb verwende ich höchstens 5 ganze Blüten und die Blütenblätter von 10 Blüten als bewährte Mischung für einen Salat, der mit einigen Schafgarbenblättern, die zuvor von den Stielen befreit werden, zubereitet wird.

WARNUNG
Die Blätter sollten nur in kleinen Mengen und nicht zu oft gegessen werden. Große Mengen können Kopfschmerzen und Schwindel hervorrufen. Das Pflücken der Blüten kann zu Hautirritationen führen. Schwangere Frauen sollten auf deren Genuß verzichten.

SALAT MIT SCHAFGARBE, PILZEN UND BOHNENSPROSSEN

Für 4 Personen

5 ganze Schafgarbenblüten

Blütenblätter von 10 Blüten

5 junge Schafgarbenblätter, gehackt

350g Champignons, in Scheiben

100g Bohnensprossen, gewaschen

1 EL Olivenöl

1 EL Zitronensaft

1 Knoblauchzehe, gepreßt

Blüten, wie oben beschrieben, vorbereiten. Blätter sehr fein hacken und mit den Blütenblättern, Pilzen und Bohnensprossen in einer Schüssel mischen. Öl, Zitronensaft und Knoblauch in einem kleinen Gefäß verrühren, über den Salat träufeln und vermengen. Mit ganzen Blüten garnieren.

TOMATEN GEFÜLLT MIT PINIENKERNEN UND SCHAFGARBENBLÜTEN

Für 4 Personen

4 große Tomaten

15g Butter

1 EL Zwiebeln, fein gehackt

75g Paniermehl

1 Ei, geschlagen

2 EL Pinienkerne

1 EL Schafgarbenblütenblätter

8 Schafgarbenblüten

Meersalz und frisch gemahlener schwarzer Pfeffer nach Geschmack

Den oberen Teil der Tomaten abschneiden, mit einem Teelöffel aushöhlen und zum Abtropfen umdrehen, während Sie die Fülle zubereiten. Butter in einer Pfanne schmelzen, Zwiebeln leicht anbräunen, Paniermehl und Ei zugeben. Sobald die Mischung zu stocken beginnt, Pinienkerne dazugeben. Abschmekken und abkühlen lassen. Dann Blütenblätter einrühren, die Mischung in die Tomaten füllen, mit Blüten garnieren und anrichten. Als Vorspeise oder mit grünem Salat als leichte Hauptspeise servieren.

Agastache foeniculum
ANISYSOP
❖

Mehrjährig, 60 cm hoch. Lange, violette Blütenähren im Sommer.
Nach Anis duftende Blätter.

Dieses kurzlebige, winterharte Kraut schmeckt vorzüglich. Seine blau-violetten Ähren blühen den ganzen Sommer lang und locken Bienen und Schmetterlinge in den Garten. Die Blüten, die nur ganz zart duften, haben einen süßeren Anisgeschmack als die kulinarisch häufiger verwendeten Blätter. Sie passen gut zu grünem Salat, Gemüse- und Nudelgerichten, Fruchtsalat und Obsttorten. Es lohnt sich auch, nach anderen Arten Ausschau zu halten: *Agastache rugosa*, Koreanische Minze und *Agastache mexicana*, Mexikanische Agastache. Die Blüten sind in Form und Farbe jenen des Anisysops sehr ähnlich, geschmacklich sind sie mehr eine Mischung aus Minze und Anis.

ANBAU
DURCH AUSSAAT
Samen im Frühjahr geschützt in Saatschalen oder Torftöpfen aussäen. Keimtemperatur bei 18 °C.

DURCH STECKLINGE
Diese werden von den jungen Trieben im späten Frühjahr oder von den halbreifen Stecklingen im Spätsommer abgenommen.

STANDORT
IM GARTEN
Diese anpassungsfähige Pflanze bevorzugt nährstoffreiche, feuchte Böden und pralle Sonne. Im Frühjahr, wenn sich die Erde erwärmt hat und keine Frostgefahr mehr besteht, ins Freie pflanzen.

IN KÜBELN
Anisysop wächst bis zu einer Höhe von etwa 60 cm, ist jedoch zurückgeschnitten und auf mehrere Terracottatöpfe verteilt am dekorativsten.

ERNTE
Blüten am besten frisch verwenden. Da das Kraut fast den ganzen Sommer blüht, hat man viel Zeit, die Blüten zu ernten, sobald sie sich öffnen. Streifen Sie sie von den blühenden Ähren, ohne den Kopf zu entfernen, denn dadurch leidet das Aussehen der Pflanze, ab. Blüten in Öl, Butter oder Essig konservieren (siehe S. 138). Zum Trocknen die ganze blühende Ähre und einen Teil des Stengels abschneiden – das erleichtert das Trocknen (siehe S. 146). Für Trockenblumensträuße verwenden. Die trockene Blüte ist geschmacklos, deshalb verwendet man sie nur aus optischen Gründen in Gerichten.

KULINARISCHES
Die Blüten können Sie Obstsalaten und Früchtebechern beigeben, über Kartoffelpüree, glasierte Zwiebeln, Karotten und Kürbisgerichte streuen. Auch mit Nudeln sind die Blüten des Anisysop ein Genuß – erst vor dem Anrichten zugeben!

RECHTS: Champignon-Ciabatta (siehe S. 17)

ANISYSOP-SALAT

Für 4 Personen

½ Eissalat, geschnitten
½ Chinakohl, geschnitten
1 Endiviensalat, geschnitten
1 TL Anisysop-Blätter, fein gehackt
4 Anisysop-Blüten, fein gehackt
10 Anisysop-Blüten,
von der Hauptähre entfernt
und zerpflückt
2 ganze Anisysop-Blüten und 8 Blätter
zum Garnieren

Vinaigrette

3 EL Thymian-Olivenöl
(oder reines Olivenöl)
1 EL Weißweinessig
1 TL Französischer Senf
Salz und Pfeffer, frisch gemahlen

Die Salate mit den fein gehackten Anisysop-Blättern vermengen und Blüten unterheben. Für das Dressing alle Zutaten glattrühren, über den Salat gießen und unterheben. Den Servierteller mit ganzen Anisysop-Blättern dekorieren, den Salat in die Mitte geben, mit ganzen Blüten bestreuen und anrichten.

ZUCCHINI MIT ANISYSOP-BLÜTEN

Für 4 Personen

4 junge Zucchini
6 Anisysop-Blätter
4 EL Anisysop-Blüten
4 ganze Anisysop-Blütenähren

Vinaigrette

4 EL Olivenöl
2 EL Estragonessig
Salz und Pfeffer, frisch gemahlen

Die jungen Zucchini waschen und 4 Minuten in einem Topf mit kochendem Wasser garen. Durch ein Sieb gießen und abkühlen lassen. Längs durchschneiden, Fruchtfleisch herausschaben und beiseite stellen. Zucchinihälften auf einen Servierteller legen, Blätter fein hacken, mit dem Fruchtfleisch vermengen und 3 Eßlöffel Blüten zugeben. Die Mischung in die Hälften füllen, mit den Blütenähren und den restlichen Blütenblättern dekorieren. Zum Schluß das Dressing darüberträufeln.

CHAMPIGNON-CIABATTA

Ciabatta ist eine der vielen köstlichen Brotsorten, die heute im Supermarkt erhältlich sind. Auf Seite 15 sehen Sie Ciabatta mit gedünsteten Champignons und geschmolzenem Käse. Als Garnierung wurde es mit Anisysop-Blüten bestreut.

TIP
Die Samenköpfe sind in Trockenblumensträußen sehr dekorativ!

Althaea rosea
STOCKROSEN

❖

Zweijährig, 1,2–2,5 m hoch. Ähren aus einzelnen, hibiskusartigen Blüten in
vielen Farben von Rosa, Gelb und Creme bis Weiß von Sommer bis Frühherbst.
Rundlappige, grüne Blätter mit rauher Oberfläche.

Diese schönen Blumen waren einst so beliebt, daß sie bei Gartenausstellun-
gen eine eigene Kategorie bildeten. Zur Zeit sind sie zwar weniger modern,
doch mit dem vorherrschenden Trend zu Landhausgärten, Nostalgie und
Romantik wird sich das bald ändern. Die Blüten sind köstlich, ihr leicht
blumiger Geschmack wird von jedem unterschiedlich beschrieben!

ANBAU
DURCH AUSSAAT
Samen im Frühherbst geschützt
in einem kühlen Gewächshaus oder
im Frühjahr aussäen. Die Keimtemperatur liegt bei etwa 18 °C.

DURCH TEILUNG
Triebknospen der Pflanze nach der
Blüte teilen. Sie sollten darauf achten,
daß in jedem Teilstück Knospen und
Wurzeln vorhanden sind.

DURCH STECKLINGE
Etwa 2,5 cm lange Stecklinge von den
Seitentrieben der Mutterpflanze abnehmen (fast immer möglich). Einzeln
in vorbereitete Töpfe oder Schalen
setzen und bis zur Wurzelbildung in
den Schatten stellen. Nicht zu stark
gießen, sonst verfaulen die Stecklinge.

STANDORT
IM GARTEN
Im Frühjahr nach dem letzten Frost
an einen sonnigen Platz, am besten

vor einer Mauer, einpflanzen. Bei
nährstoffarmem Boden Kompost
einarbeiten. 60 cm–1 m Abstand
zwischen den Pflanzen lassen und zu
Beginn in kalten Nächten schützen.
Im Sommer sollten Sie die Stockrosen
stark gießen. Wenn sich die Blütenähren zeigen, mit Kompostdünger
bedecken. Ähren nach der Blüte auf
etwa 15 cm zurückschneiden. Falls Sie
in Ihrer Gegend kalte und feuchte
Winter haben, ausgereifte Wurzeln im
Winter ausgraben und ins Frühbeet
setzen. Sie können auch im Frühherbst
bzw. im Frühling wieder mit Samen
oder Stecklingen beginnen.

IN KÜBELN
Stockrosen sind zu groß, um gut in
Töpfen zu gedeihen.

ERNTE
Blüten vorsichtig pflücken, sobald
sie offen sind, und sogleich verwenden
oder mit den Stengeln abschneiden
und einwässern. Auf diese Weise

können Sie die Blüten unmittelbar vor
dem Servieren behutsam abzupfen und
vorbereiten.

KULINARISCHES
Bevor Sie die Blüten der Stockrose
essen, müssen die Staubgefäße und
alle grünen Teile entfernt werden.
Die Blüten können Sie frisch in
Salaten verwenden, aber auch
kandiert sehen sie phantastisch
aus (siehe S. 142). Sie können aus
Stockrosen einen milden, aromatischen Sirup bereiten (S. 141),
der sich mit den verschiedensten
Desserts kombinieren läßt.

TIP
Untersuchen Sie die Pflanze auf Rost,
durch den die Blätter verkümmern
und absterben können. Befallene
Blätter sofort entfernen und
verbrennen. Nicht zu Minze setzen,
da sich Rost ausbreitet.

Diese beiden Salate sind mit verschiedenfarbigen Stockrosen besonders dekorativ!

SALAT AUS STOCKROSEN, ENDIVIENSALAT, ORANGEN UND WALNÜSSEN

Für 4 Personen

2 Endiviensalate, zerpflückt
6 Orangen (ungewachst)
25 g Walnüsse, gehackt
6 Stockrosenblüten,
ohne Staubgefäße
2 ganze Blüten zum Garnieren

Salatdressing

200 ml Crème fraîche (fettarm)
4 EL Olivenöl (kein natives Olivenöl,
es ist zu intensiv!)
2 EL Zitronensaft
Salz und Pfeffer, frisch gemahlen

Endiviensalat mit der geriebenen Schale einer Orange in einer Schüssel vermengen. Den Saft der schalenlosen Orange beiseite stellen. Von den restlichen Orangen die Schale samt weißer Haut entfernen, in 5 mm dicke Scheiben schneiden und mit den Walnüssen zum Salat geben. Alles vermengen. Gefäß bedecken und bis zum Servieren kalt stellen. Für das Dressing Crème fraîche und Orangensaft vermischen und mit Öl verrühren. Nach und nach den Zitronensaft zugeben, mit Salz und Pfeffer abschmecken. Dressing über den Salat träufeln und vermengen. Blüten unterheben, mit ganzen Blüten dekorieren und anrichten.

SALAT AUS STOCKROSEN UND BIRNEN

Für 4 Personen

4 Birnen, ohne Kerngehäuse und in Scheiben (nach Belieben schälen)
150 ml Birnensaft oder weißen Traubensaft

8 Stockrosenblüten,
ohne Staubgefäße
4 ganze Blüten zum Garnieren

Birnenstücke in den Birnen- oder Traubensaft legen, mit Blüten vermengen und mit ganzen Blüten dekoriert servieren.

19

Allium schoenoprasum
SCHNITTLAUCH
❖

Mehrjährig, 20 cm hoch, rosafarbene/violette Blütenköpfe im Frühjahr. Blätter und Blüten haben einen milden Zwiebelgeschmack.

Dies war die erste Blüte, die ich vor vielen Jahren aß. Ich zupfte die Blüten des Schnittlauchs, um das Blattwachstum zu fördern. Da sie ein wenig wie Kleeblüten aussehen, dachte ich, sie könnten wohl gut schmecken. Und das tun sie auch, denn sie haben ein knackiges, mildes Zwiebelaroma. Seither habe ich sie in vielen Gerichten probiert, von Folienkartoffeln bis zu verschiedenen Salaten. Am liebsten esse ich sie in Brotsauce (siehe S. 21). Andere interessante Varietäten sind der rosablühende Schnittlauch, *Allium schoenoprasum roseum* und die weißblühende Art, *Allium schoenoprasum* ‚weiße Form‘. Beide sind eßbar und haben denselben Geschmack wie die häufigere, violettblühende Art. *Allium tuberosum* ‚Knoblauch‘ sieht mit seinen schönen, weißen, sternförmigen Blüten ganz anders aus. Sie schmecken großartig, fast wie süßer, knackiger Knoblauch, und machen aus vielen Speisen, besonders aus deftigen Gerichten und Salaten, etwas ganz Besonderes.

ANBAU

DURCH AUSSAAT
Säen Sie die schwarzen Samen im Frühjahr geschützt in Saatschalen oder Torftöpfe bei 19 °C aus. Oder warten Sie, bis sich der Boden erwärmt hat, und säen Sie direkt in Reihen oder Gruppen in den Garten.

DURCH TEILUNG
Teilen Sie die Büschel alle paar Jahre im Frühjahr, und setzen Sie sie in Gruppen von 6–10 Zwiebeln in einem Abstand von 15 cm um.

STANDORT

IM GARTEN
Im Frühjahr nach dem letzten Frost in nährstoffreiche, feuchte Böden in der Sonne oder im Halbschatten pflanzen.

IN KÜBELN
Gedeiht gut in Töpfen im Halbschatten – nicht in praller Sonne. Während der Blüte flüssig düngen.

ERNTE
Voll geöffnete Blüten samt Stengel abschneiden, bevor die Farbe ausbleicht. In reifen Büscheln beginnt der Schnittlauch, zu Frühlingsbeginn zu blühen, junge Pflanzen blühen im späten Frühjahr, oft bis in den Sommer, wenn das Wetter nicht zu trocken ist.

KULINARISCHES
Neben Salaten, Folienkartoffeln und Brotsauce (siehe S. 21) können die Blüten auch zum Dekorieren und Verfeinern vieler Gerichte verwendet werden. Tomatensalat wird schön knackig; grüne Bohnen erhalten durch sie einen exotischen Beigeschmack. Auch auf gefüllten Avocados sind Schnittlauchblüten sehr dekorativ.

BROTSAUCE

Diese Sauce reiche ich zu gebratenem Hühnchen und Pute. Zu Weihnachten gibt es leider keine Schnittlauchblüten und sie lassen sich nicht einfrieren, aber denken Sie bei Grillpartys daran!

1 kleine Zwiebel, geschält
8 ganze Gewürznelken
450 ml Milch
¼ TL geriebene Muskatnuß
75 g fein geriebenes Weiß-
oder Schwarzbrot
5 Schnittlauchblütenköpfe

Vorbereitung: Gewürznelken in die Zwiebel stecken, Milch zugeben, etwas Muskat darüberreiben und in einem Topf bei geringer Hitze aufkochen. Topf vom Herd nehmen, bedecken und mindestens 2 Stunden ziehen lassen. Brot am besten in einem Mixer oder einer Küchenmaschine reiben. Hartes Brot ist am leichtesten zu reiben.
Zubereitung: Die mit Gewürznelken gespickte Zwiebel aus dem Topf nehmen, geriebenes Brot zugeben und bei geringer Hitze gut einrühren, bis die Sauce – nach etwa 10 Minuten – eindickt. Nun die Pfanne vom Herd nehmen, Schnittlauchblüten zugeben und einrühren. Die Brotsauce in einer vorgewärmten Sauciere anrichten.

FÜLLE FÜR FOLIEN-KARTOFFELN AUS SAURER SAHNE UND SCHNITTLAUCHBLÜTEN

Dieser Dip kann auch für Blumenkohl oder für andere Gemüse verwendet werden, die zu Schnittlauch und saurer Sahne passen.

1 EL Schnittlauch, geschnitten
150 ml saure Sahne
6 Blütenköpfe, in einzelne
Blüten zerpflückt
Ganze Schnittlauchblüten zum
Garnieren

Schnittlauch mit der Schere abschneiden, fein schneiden und mit der sauren Sahne verrühren. Nun die Blütenköpfe einrühren. Mit Frischhaltefolie abdecken und kalt stellen. Vor dem Anrichten mit ganzen Schnittlauchblüten rund um die Schüssel garnieren.

TIP
Schnittlauch neben Rosen gepflanzt, schützt vor Schwarzfleckigkeit.

Aloysia triphylla
ZITRONENSTRAUCH
❖

Bedingt winterfester, sommergrüner Strauch, 1–3 m hoch. Winzige, weiße Blüten mit lila Säumen von Frühsommer bis Frühherbst. Intensiv nach Zitrone duftende, lanzettliche, grüne Blätter.

Dies ist der Rolls Royce unter den Kräutern. Hat man einmal ihre Blätter gerieben, wird man den zitronenartigen Wohlgeruch nie vergessen. Oft beobachte ich Menschen im Garten, wie sie diese Pflanze umhegen und dann an ihren Händen riechen – das Vergnügen ist ihnen ins Gesicht geschrieben. Die Blüten sind zart und wachsen in kleinen Pyramiden. Ihre Zartheit täuscht über ihren Geschmack – ein intensives Zitrusaroma – hinweg. Sie harmonieren mit vielen Früchten, z.B. Erdbeeren, Himbeeren und Melonen.

ANBAU

DURCH AUSSAAT

Aussaat gelingt nur in warmen Klimazonen. Säen Sie die kleinen Samen im Frühjahr, geschützt in Saatschalen oder Torftöpfen, dünn aus. Eine Bodenwärme von etwa 15 °C fördert das Keimen.

DURCH STECKLINGE

Diese können im späten Frühjahr von den jungen Trieben oder im Sommer von den halbreifen Stecklingen abgenommen werden.

STANDORT

IM GARTEN

Diese Pflanze ist in warmen, feuchten Klimazonen beheimatet, benötigt Schutz vor Frost, Wind und Temperaturen unter 4 °C sowie leichte, warme, durchlässige Erde. Ideal vor einer Südmauer. Im Herbst zurückschneiden und im Frühjahr die Triebspitzen abzwicken.

IN KÜBELN

Der Zitronenstrauch ist eine robuste Kübelpflanze, doch im Winter wirft er sein Laub ab und braucht Ruhe. Kübel an einen warmen, sonnigen, hellen Ort stellen. Hell und kühl, aber frostfrei überwintern. Kompost fast austrocknen lassen. Rückschnitt im Frühjahr und Herbst für einen schönen Wuchs.

ERNTE

Die winzigen Blüten erst pflücken, wenn Sie sie brauchen. Sie lassen sich kaum aufbewahren. Vor dem Herbst können Sie sie jederzeit ernten. Getrocknet in einem luftdichten Behälter aufbewahren.

KULINARISCHES

Sowohl Blüten als auch Blätter harmonieren mit Getränken, Fruchtsalaten, Kuchen und Gelees (siehe S. 23). Sie passen sogar zu selbstgemachtem Eis.

TIP

Wenn Sie diese Pflanze im Wintergarten oder Gewächshaus ziehen, dann achten Sie auf die Rote Spinnmilbe. Sobald Sie sie entdecken, behandeln Sie die Pflanze mit Spezialseife. Herstellerhinweise beachten!

ZITRONENSTRAUCH-KAROTTEN-SALAT

Für 4 Personen
6 Karotten, gewaschen
2 EL Zitronenstrauchblüten
6 Zitronenstrauchblätter,
gehackt
1 EL Pinienkerne

Vinaigrette
3 EL Olivenöl
1 EL Weißweinessig
Salz und Pfeffer nach Geschmack

Karotten von Hand oder mit der Küchenmaschine reiben. Mit Zitronenstrauchblüten, -blättern und Pinienkernen vermengen. Für die Vinaigrette alle Zutaten verrühren und über den Salat träufeln. Unterheben und den Salat anrichten.

ZITRONENSTRAUCH-GELEE

Gelee ist sehr einfach herzustellen. Man denkt dabei immer an Kinderfeste und vergißt, daß es auch für anspruchsvollere Desserts geeignet ist.

Für 8 kleine Gelees
600 ml Wasser
10 Zitronenstrauchblätter
1 Päckchen Gelatine oder
2 TL Agar-Agar (für Vegetarier)
Saft einer halben Zitrone
Kristallzucker nach Geschmack
2 gehäufte EL frische
Zitronenstrauchblüten

Wasser zum Kochen bringen, dann die Zitronenstrauchblätter einlegen und gut umrühren. Abdecken, vom Herd nehmen und 10 Minuten lang ziehen lassen; durch ein Sieb gießen und wieder zum Sieden bringen. Abermals vom Herd nehmen, Gelatine oder Agar-Agar einstreuen und sorgfältig einrühren. Zitronensaft, Zucker nach Geschmack und 1½ Eßlöffel Blüten zugeben. Die Mischung gut verrühren und in eine Form oder in einzelne Schüsselchen füllen. Nun die restlichen Blüten darüberstreuen. Zum Festwerden in den Kühlschrank stellen. Die Gelees lassen sich leichter stürzen, wenn Sie die Formen kurz in heißes Wasser tauchen. Mit weiteren Zitronenstrauchblüten garnieren und anrichten.

Anethum graveolens
DILL

❖

Einjährig, 60–150 cm hoch. Große, flache, gelbgrüne Blütendolden den ganzen Sommer lang. Aromatische, grüne Blätter.

Dieses einjährige Würzkraut ist für seine Blätter, die für Graved Lachs, eingelegte Heringe und Kürbisgerichte verwendet werden, wohlbekannt. Seine Samen schmecken nicht nur fein zu Gemüsen, sondern sind auch medizinisch wertvoll: sie wirken leicht krampflösend. Die Blüten hingegen werden meist übersehen. Sie haben einen leicht süßlichen, dillartigen Geschmack, mit einem Hauch Minze, und passen gut zu Gemüse, Salaten, Kartoffeln und Fischgerichten. Auch in Vinaigrettes, Mayonnaise und Eingelegtem schmecken sie fein. Andere interessante Arten sind: *Anethum graveolens*, ‚Fernleaf‘, einer kompakteren, blattreichen Pflanze. Die Blüten sind ident mit jenen der *Anethum graveolens* und werden ebenso verwendet.

ANBAU

DURCH AUSSAAT

Samen im Frühjahr geschützt in einen Topf oder Torftopf säen. Keine Saatschale verwenden, denn der Dill mag es nicht, wenn seine Wurzeln beim Umsetzen beschädigt werden. Dill braucht zum Keimen eine Temperatur von 19 °C. Eventuell bis zum Frühjahr warten, wenn sich die Erde zu erwärmen beginnt, und in Reihen direkt in den Garten säen. Vor Frost und starkem Regen schützen. Sind die Pflanzen robust genug, auf 20 cm ausdünnen. Folgesaaten während der ganzen Saison sind günstig, damit der Nachschub nicht unterbrochen wird.

STANDORT

IM GARTEN

Vollsonniger Standort mit karger, gut dränierter Erde wird bevorzugt.

Jungpflanzen müssen manchmal gestützt werden, damit sie nicht umknicken. Die Pflanzen vor Nacktschnecken schützen!

IN KÜBELN

Lachen Sie mich nicht aus, wenn ich vorschlage, Dill im Kübel zu ziehen. Doch der Anbau in Kübeln ist durchaus möglich, wenn der Kübel groß genug ist und reichlich Samen ausgesät werden. Sind die Pflänzchen robust genug, auf 6 cm ausdünnen. Zurückschneiden fördert einen buschigen Wuchs. Wollen Sie Blüten ernten, dann müssen die Pflanzen gestützt werden. Erst ernten, wenn Sie sie brauchen. Möchten Sie ständig mit Blättern oder Blüten versorgt sein, sollten Sie in mehreren Töpfen Pflanzen in verschiedenen Stadien ziehen.

ERNTE

Pflücken Sie die ganze Blütendolde, wenn sie vollkommen gelb ist. Die einzelnen, kleinen Blüten von der Blütendolde zupfen und frisch oder gefroren verwenden (siehe S. 144). Sie halten sich auch einige Tage im Gemüsefach des Kühlschranks. Sie können auch vielseitig verwendbaren Dillblütenessig oder -öl (siehe S. 142) zubereiten.

KULINARISCHES

Die winzigen Blüten können ganz gegessen werden. Zum Einlegen werden komplette Blütendolden verwendet. Die Blüten schmecken intensiver als die Blätter, aber milder und frischer als Dillsamen (siehe Blütenessig, S. 142).

TIP

Im Garten sollten Sie Dill nicht neben Fenchel setzen, sonst konkurrieren die Kräuter mit ihren Düften.

DILLBLÜTENTEE

Von Dillsamentee, der zugleich erfrischend und medizinisch wertvoll ist,
haben schon viele gehört. Dillblüten-
tee hat die gleichen Eigenschaften,
schmeckt ähnlich, aber zarter. Warm
oder kalt, als erfrischenden Sommer-
drink servieren.

Für 1 Tasse
*2 ganze Blütendolden, gewaschen
und in eine Teetasse gelegt*

Mit kochendem Wasser aufgießen,
bedecken und 5 Minuten ziehen lassen.
Durch ein Sieb gießen und trinken.
Sie können den Tee auch mit einem
kleinen Blütenzweig garnieren.

EINGELEGTER HERING MIT DILLBLÜTEN UND LIMONE

Für 6 Personen
*6 Heringsfilets
6 Pfefferkörner
2 Messerspitzen Muskat
2 Pimentkörner oder
Myrtenbeeren
1 Gewürznelke
1 Lorbeerblatt
1 Zwiebel, in feinen Ringen
½ TL brauner Zucker
(nach Belieben)
300 ml Dillessig (siehe S. 142)
Saft einer Limone
150 ml Wasser
frisch gemahlenes Meersalz
1 EL Dillblätter, gehackt
1 Limone, in dünnen Scheiben
2 EL Dillblüten ohne Stengel
Backofen auf 160 °C vorheizen
(Gas: Stufe 3)*

Bitten Sie den Fischhändler, die
Heringe zu filetieren. Die Fische zum
Schwanzende hin aufrollen und in
eine feuerfeste Form legen. Alle
Gewürze und das Lorbeerblatt in eine
Pfanne mit Zwiebeln, Zucker (nach
Belieben), Dillessig, Limonensaft
und Wasser geben und mit einer Prise
Salz aufkochen. Abkühlen lassen
und die Heringe damit bedecken.
Im Ofen 1 Stunde schmoren. Heraus-
nehmen, abkühlen lassen, zudecken
und kalt stellen. Mit Dillblättern,
Limonenscheiben und Blüten
garniert servieren.

Angelica archangelica
ENGELWURZ

❖

Zwei- oder mehrjährig, 1–2,5 m hoch. Stark duftende grüne bzw. weiße Blütendolden im zweiten Jahr von Frühjahr bis Sommer. Zwei- oder dreigeteilte, feingezahnte, intensivgrüne Blätter.

Ich weiß noch, wie mir zum ersten Mal die Engelwurzblüte auffiel. Auf dem Weg zu meinem Garten war ich plötzlich von einem süßen Duft umhüllt. Ich ging ihm nach und entdeckte Engelwurz. Sein Geruch erinnert an Wiesenkerbel, einen Verwandten des Engelwurz. Die Blüten schmecken so gut, wie sie riechen, und harmonieren mit Salaten, Gemüse, Fruchtsalat und Obsttorten. Eine interessante Engelwurzart ist *Angelica gigas*, die im Frühherbst rote Blüten trägt.

ANBAU

DURCH AUSSAAT
Engelwurzsamen ist sehr kurzlebig und nur etwa 3 Monate lebensfähig. Am besten im Frühherbst in Saatschalen, Torftöpfe oder Töpfe säen, Sämlinge im Freien überwintern. Sind die Samen älter als 3 Monate, 4 Wochen vor der Aussaat im Kühlschrank ins Tiefkühlfach legen.

STANDORT

IM GARTEN
Der Engelwurz ist bereits im zweiten Jahr sehr imposant. Pflanzen Sie ihn deshalb im hinteren Teil einer Rabatte vor eine Mauer in nahrhaften, feuchten Boden. Er leidet bei heißem, feuchtem Klima und braucht Schutz vor praller Mittagssonne. 1 m Abstand zu anderen Pflanzen lassen.

IN KÜBELN
Dies ist erstaunlicherweise, trotz seiner Größe, möglich. Der Trick ist, daß man die wachsende Pflanze ständig wurzelschonend umtopfen muß. Ein Warnsignal zum Umtopfen ist, wenn die Pflanze sehr viel Wasser braucht. Kübel in den Halbschatten stellen und feucht halten. Wenn nötig, die Pflanzen stützen.

ERNTE
Doldenblüten am besten zu Frühlingsbeginn, sobald sie ganz aufgegangen sind, pflücken und frisch oder in Form eines Blütensirups konserviert (siehe S. 141) verwenden. Der Geschmack des Sirups erinnert an kandierten Engelwurz.

KULINARISCHES
Kandierter Engelwurz ist als Verzierung von Kuchen und Süßspeisen altbekannt. Die Blüten schmecken ähnlich, doch süßer. Sie harmonieren mit Frischkäse und Crème fraîche. Auch für Zitronen-, Limonen- und Mandarinensorbets habe ich die Blüten schon verwendet, mein Favorit ist jedoch pures Engelwurzsorbet (siehe S. 27), das ich aus Stengeln und Blüten zubereite. Ich mußte jedoch ein wenig an der Dosierung arbeiten, da der Geschmack des Engelwurz ansonsten zu intensiv geworden wäre.

WARNUNG
Wilder Engelwurz kann mit *Oenanthe crocata*, der giftigen Rebendolde, auch als Wasserfenchel bekannt, verwechselt werden. Engelwurz ist eine der wenigen Pflanzen, auf die meine Haut reagiert. Beim Ernten der Pflanze und Stengel sollten Sie vorsichtig sein!

TIP
Ein aus jungen Blättern bereiteter Tee hilft bei Anspannung und Kopfschmerzen.

ENGELWURZSORBET

Für 4 Personen

1 frischer, junger Engelwurzstengel,
8–10 cm lang, in kleine Stücke
geschnitten
600 ml Wasser
250 g Kristallzucker
Saft einer halben Zitrone
1 EL Eiweiß, geschlagen
(nach Belieben)
3 EL Engelwurzblüten

Stengel, Wasser, Zucker und einen
Eßlöffel Blüten in einem kleinen Topf
langsam zum Kochen bringen. Von
Zeit zu Zeit umrühren, damit sich der
Zucker auflöst und nicht am Boden
haftet. Etwa 8 Minuten köcheln lassen,
bis der Stengel weich ist. Durch ein
Sieb gießen, mit Zitronensaft und
Zucker abschmecken. Abkühlen
lassen und in einem kältebeständigen
Behälter 10 Minuten ins Tiefkühlfach
stellen.

Herausnehmen und mit einem
Schneebesen oder einer Gabel schla-
gen, bis die Mischung eine leicht
cremige Konsistenz bekommt. Das
Eiweiß und einen weiteren Löffel
Blüten unterziehen.

Jetzt die Mischung entweder zu-
rück in den Behälter oder, falls Sie im
Tiefkühlfach genug Platz haben,
gleich in die Sorbetschalen füllen und
tiefkühlen.

Das Sorbet 10 Minuten vor dem
Anrichten aus dem Tiefkühlfach nehmen, zum Schluß mit den restlichen
Engelwurzblüten dekorieren und
servieren.

BLANCHIERTER SALAT MIT ENGELWURZBLÜTEN

Für 4 Personen

4 feste grüne Salate
2 Scheiben durchzogener Speck
1 Karotte
1 EL Engelwurzblüten,
ohne Stengel
1 Zwiebel
300 ml kräftige Hühner-
oder Gemüsebrühe
1 EL Petersilie, gehackt
Backofen auf 180 °C
(Gas: Stufe 4) vorheizen

Salate waschen und in einem Topf mit
kaltem Wasser bedeckt zum Kochen

bringen. Sofort vom Herd nehmen,
durch ein Sieb gießen, in kaltem
Wasser abschrecken und auf einem
Geschirrtuch etwas trocknen. Eine
feuerfeste Form fetten und mit Speck-
scheiben auslegen. Die Karotte, den
Großteil der Blüten (ein paar zum
Garnieren zurückbehalten) und die
Zwiebel fein hacken und über den
Speck streuen. Den Salat darauf legen,
die Brühe darübergießen und die
Form zudecken. 45 Minuten im Ofen
schmoren lassen. Salat auf einem
Servierteller anrichten, die Brühe
auf ⅓ einkochen lassen und über
den Salat gießen. Vor dem Servieren
mit der Petersilie und den restlichen Blüten bestreuen.

Borago officinalis
BORRETSCH

❖

Einjährig, 60 cm hoch. Blaue oder violette Blütensterne im Frühsommer.
Ovale, flaumig behaarte Blätter.

Die dekorativen himmelblauen Blüten des Borretsch sind sehr vielseitig. Ihr
Aroma erinnert, wie das der Blätter, an Gurken. Sie passen gut zu Käse,
Tomaten und Früchten und sind in Salaten und Obstpürees ein unüber-
troffener Blickfang. Der weißblühende Borretsch, *Borago officinalis*
‚Alba‘, erfreut sich immer größerer Beliebtheit. Für kulinarische Zwecke
eignet er sich genauso gut wie die blaublühende Art.

ANBAU
DURCH AUSSAAT
Zu Frühlingsbeginn geschützt in einen
Torftopf säen (keine Saatschale verwenden, da beim Umsetzen die Wurzeln beschädigt werden). Wenn kein
Frost mehr droht, im Abstand von
60 cm auspflanzen.

STANDORT
IM GARTEN
Borretsch liebt magere, sand- oder
kalkhaltige, lockere Böden in sonniger
Lage. Er kann auch, sobald die Frostgefahr gebannt ist und sich die Erde
zu erwärmen beginnt, direkt im
Garten ausgesät werden.

IN KÜBELN
Um Borretsch erfolgreich im Kübel
zu ziehen, muß dieser recht groß sein.
Borretsch wächst besonders gut, wenn
er inmitten anderer Pflanzen gepflanzt
wird, vor allem in Kombination mit
Küchenkräutern. So hat er Platz zum
Wachsen, kippt nicht um und macht
sich gut als Mittelpunkt.

ERNTE
Die Blüten können Sie einfrieren (siehe
S. 144). Erst ernten, wenn sie ganz
offen sind. Junge Blätter lassen sich
schlecht trocknen bzw. einfrieren und
sollten frisch verwendet werden.

KULINARISCHES
Die blauen Blütensterne sind sehr
attraktiv in Salaten, auf geeisten
Sommersuppen oder kandiert auf
Kuchen (siehe S. 142). Auch mit
Frischkäse oder Quark sind sie ein
Genuß. Stempel und Staubgefäße
müssen jedoch vorher entfernt
werden. Sie umfassen – gut sicht-
bar – die ganze schwarze Mitte.

TIP
Borretsch ist sehr gesellig, was zugleich
Vor- und Nachteile hat. Der Vorteil
ist seine Anziehungskraft auf Bienen,
die zur Bestäubung anderer Pflanzen
günstig ist; pflanzt man ihn etwa mit
Stangenbohnen an, vergrößert sich
deren Ertrag. Leider zieht er auch
die Schwarze Blattlaus an, d.h. Sie
müssen ihn möglicherweise vor der
Ernte mit einem Schlauch abspritzen.

BORRETSCH-EISWÜRFEL

Ein Eiswürfelbehälter
Eine Borretschblüte pro Eiswürfel

Stempel und Staubgefäße von den
Borretschblüten entfernen und je eine
Blüte in die Mulden des Eiswürfel-
behälters legen. Wasser hineingießen
und im Tiefkühlfach gefrieren lassen.
Die Eiswürfel aus dem Tiefkühlfach
nehmen und sofort verwenden. Sie
sehen wunderschön in sommerlichen
Mixgetränken oder Fruchtsalaten aus.

PÜREE AUS STACHELBEEREN UND BORRETSCHBLÜTEN

Ich habe hier keine Zuckermenge angegeben, da Stachelbeeren unterschiedlich süß sind und je nach Geschmack gesüßt werden können.

Für 4 Personen

450 g Rote oder Grüne Stachelbeeren
Kristallzucker nach Belieben
200 ml Crème fraîche
2 EL Borretschblüten, vorbereitet
12 ganze Borretschblüten

Stachelbeeren in einem großen Topf mit 2 Eßlöffeln Wasser und etwas Zucker aufkochen. Von Zeit zu Zeit umrühren. Vom Herd nehmen, sobald die Beeren weich sind, und abkühlen lassen. Wenn nötig, noch etwas Zucker zugeben. Die Stachelbeeren mit einer Küchenmaschine oder einem Pürierstab pürieren. Crème fraîche in eine große Rührschüssel geben. Die Hälfte des Obstpürees mit der Crème fraîche verrühren und die Blüten zugeben. Je eine Schicht in 4 Gläser oder Schüsselchen füllen und mit abwechselnden Schichten von Obstpüree und Crème fraîche füllen. Mit je 3 Blüten dekorieren und bis zum Servieren kalt stellen.

Calendula officinalis
RINGELBLUME
❖

Einjährig, 60 cm hoch. Einfache oder gefüllte, gelb- und orangefarbene Blüten, ähnlich wie die der Margarite, vom Frühjahr bis zum ersten Frost. Die Blüten schmecken aromatisch, aber bitter. Lanzettliche, hellgrüne Blätter.

Diese heitere, einjährige Blume ist ein vertrauter Anblick in Bauerngärten und Blumenkästen. Die Ringelblume wurde schon immer hochgeschätzt, bereits im alten Ägypten, von den Arabern und Indern. Für Griechen und Römer waren die Blütenblätter ein Safranersatz, mit dem Speisen gewürzt und gefärbt wurden. Heute verwendet man sie u. a. zum Färben von Butter.

ANBAU

DURCH AUSSAAT

Die robusten Samen im Herbst geschützt in Saatschalen oder Torftöpfe säen. Sie können auch bis zum Frühjahr warten und direkt reihen- oder gruppenweise in den Garten säen, auf 30–45 cm ausdünnen. Wenn Sie in einer sehr heißen Gegend wohnen, ist die Blüte etwas unregelmäßig und die Pflanze kann wuchern bis in den Herbst hinein, wenn Sie regelmäßig die verblühten Blüten entfernen.

STANDORT

IM GARTEN

Die Ringelblume ist anspruchslos, ihr ist jede Erde recht, solange sie nicht zu feucht ist. Sie bevorzugt sonnige Standorte. Im Frühjahr auspflanzen, wenn sich die Erde erwärmt hat und kein Frost mehr droht. Die Ringelblume verbreitet sich durch Selbstaussaat.

IN KÜBELN

Sie gedeiht gut mit anderen Pflanzen im Topf. Ideal für Blumenkästen, weniger geeignet für Ampeln. Der Standort sollte halbschattig oder sonnig sein. Verblühtes abschneiden – dies begünstigt die neue Blüte.

ERNTE

Geöffnete Blüten im späten Frühjahr und im Sommer ernten. Frisch verwenden oder die Blütenblätter trocknen (siehe S. 146) und in einem dunklen, gut verschlossenen Behälter kühl und trocken lagern. Zur vollen Geschmacks- und Farbentfaltung pulverisieren. Auch in Butter bzw. Öl konservierbar (siehe S. 138–142).

KULINARISCHES

Blütenblätter unbedingt abzupfen – die Scheibenblüten in der Mitte schmecken sehr bitter! Die Blütenblätter passen gut zu Käsegerichten und sind ein Blickfang auf Salaten und Omelettes. Auch Tee kann man aus ihnen bereiten und, wie die Geschichte lehrt, sind sie eine gute Lebensmittelfarbe. Blütenblätter ganz fein hacken oder mit Stößel und Mörser pulverisieren und die Paste jedem Gericht beigeben, dem Sie eine schöne, goldene Farbe verleihen möchten. Sie können auch goldfarbenes Öl bereiten (siehe S. 142) oder die orangeroten Blütenblätter der Ringelblume zum Dekorieren verwenden.

Mein Sohn ist ein leidenschaftlicher Koch: Sonntags verwöhnte er uns oft mit „Alistairs Ringelblumengebäck" (siehe S. 33) – es schmeckt herrlich und sieht hübsch aus.

TIP

Der Saft, auf Warzen, Hühneraugen und Hornhaut aufgetragen, soll diese entfernen.

RECHTS: Das schmackhafte Ringelblumengebäck nur mit Butter reichen.

ALISTAIRS RINGEL-BLUMENGEBÄCK

Etwa 8 Stück

450 g glattes Mehl
1 TL Salz
1 TL Natriumbikarbonat
45 g Butter
300 ml Milch, vermischt mit
2 TL Weinstein
2 EL frische Blütenblätter
Backofen auf 220 °C
(Gas: Stufe 7) vorheizen

Mehl in eine Schüssel sieben, mit Salz und Natriumbikarbonat mischen. Butter einarbeiten, Milch, Weinstein und Blütenblätter zugeben. Gut rühren, bis sich ein weicher Teig bildet. Auf einem bemehlten Nudelbrett leicht kneten, 2 cm dick ausrollen; mit einer 5 cm großen Form Gebäck ausstechen und auf ein leicht bemehltes Backblech legen. 12–15 Minuten backen, bis das Gebäck aufgegangen und goldbraun ist. Auskühlen lassen und genießen!

REISSALAT MIT PINIENKERNEN

Für 4 Personen

2 EL Zwiebeln, fein gehackt
1 Knoblauchzehe, gepreßt
1 EL Sonnenblumenöl
250 g Basmati-Reis, gewaschen
2 EL Pinienkerne
2 EL Ringelblumenblütenblätter

Zwiebeln und Knoblauch in Öl dünsten, aber nicht bräunen. Den Basmati-Reis zugeben und unter ständigem Rühren kurz anbraten. Mit 600 ml kochendem Wasser und einem Teelöffel Salz aufgießen. Den Reis weichkochen, bis das Wasser verdunstet ist. Vom Herd nehmen und abkühlen lassen. Pinienkerne unter einem Grill oder in der trockenen Pfanne anrösten, bis sie bräunen. Die Blütenblätter und die Pinienkerne über den kalten Reis streuen und einrühren. Den Reissalat kalt mit Käse oder anderen Salaten servieren.

Chamaemelum nobile
RÖMISCHE KAMILLE

❖

Mehrjährig, 15 cm hoch. Süße, nach Äpfeln duftende, weiße Blüten mit gelber Mitte. Aromatische, fein geteilte Blätter.

Kamille wird seit Jahrhunderten genutzt, am häufigsten zur Bereitung von Kamillenblütentee. Auch zu Fruchtspeisen, Frischkäse oder milden Käsesorten paßt sie gut.

Die Bestimmung der verschiedenen Kamillearten ist etwas verwirrend. *Chamaemelum nobile* ‚Treneague‘, die Wiesenkamille, wächst in Bodennähe, blüht nicht und kann somit nicht aus Samen gezogen werden. Sie kann nur durch Stecklinge vermehrt werden. *Chamaemelum nobile* ‚Flore Pleno‘, die doppelblütige Kamille, wächst sehr niedrig mit gefüllter weißer Blüte, deren Blätter eßbar sind. *Matricaria recutita*, die Deutsche Kamille oder Maikraut, ist einjährig mit aromatischen, weißen Blüten und feinduftenden Blättern. Ihr Hauptnutzen ist medizinischer Natur, ihre Blüten schmecken allerdings nach „Landluft“.

TIP

Pflanzen Sie die Kamille neben kränkelnde Pflanzen.

ANBAU

DURCH AUSSAAT

Säen Sie die feinen Samen oberflächlich in Saatschalen oder Torftöpfe. Mit Perlit bedecken. Wenn Sie damit im Haus beginnen, bevor es warm wird, sorgen Sie für eine Temperatur von 19 °C.

DURCH TEILUNG

Alle ausgewachsenen, mehrjährigen Kamillepflanzen, die 2 Jahre oder älter sind, sollte man im Frühjahr teilen und umsetzen.

STANDORT

IM GARTEN

Die Kamille bevorzugt durchlässigen Boden in sonniger Lage, begnügt sich aber auch mit Halbschatten. Im Abstand von 15 cm auspflanzen.

IN KÜBELN

Die weißen Blüten sind in Blumenkästen oder großen Töpfen ein schöner Anblick. Gut dränierten Kompost verwenden!

ERNTE

Blüten ernten, bevor sich die Blütenblätter nach unten neigen, schnell trocknen (siehe S. 146). Dann Blätter und Stengel entfernen und in dunklen, gut verschlossenen Gefäßen aufbewahren.

KULINARISCHES

Die Zubereitung von Kräutertee ist einfach, aber dennoch möchte ich auf Seite 36 ein Rezept weitergeben. Sie können frische oder getrocknete Blüten verwenden. Junge Blüten sind weniger intensiv.

FRUCHTSALAT MIT KAMILLE

Für 4 Personen
4 Pfirsiche
6 Pflaumen
3 Feigen
3 Äpfel
1 gestrichener EL Kamilleblütenblätter

Früchte waschen, entkernen, schälen, schneiden und in eine Schüssel füllen. Den Kamillentee zubereiten (siehe S. 36), etwas Honig und 1 Zitronenscheibe zugeben. Zudecken und 20 Minuten stehen lassen. Den abgekühlten Tee durch ein Sieb gießen und über den Fruchtsalat geben. Mit Kamilleblütenblättern bestreuen und servieren.

KAMILLENTEE

1 gehäufter TL Kamilleblüten,
frisch oder getrocknet
1 TL Honig (für Leckermäuler)
1 Zitronenscheibe
(für Schwungvolle)

Kamilleblüten in eine vorgewärmte Tasse geben. Kochendes Wasser zugießen. Zudecken und 3 bis 5 Minuten ziehen lassen. Den Tee durch ein Sieb gießen, Honig oder Zitrone nach Geschmack zugeben. Sie können Kamillentee heiß oder kalt trinken.

Auch aus doppelblütiger Kamille kann man eine feine Tasse Tee bereiten.

Chrysanthemum coronarium
CHRYSANTHEME, KRONEN-WUCHERBLUME, CHOPSUEY

❖

Winterhart, einjährig, 45 cm hoch. Gelbe oder weißgelbe Blüten den ganzen Sommer lang. Die Blüten schmecken klar und leicht bitter, die grünen, kleinen Blätter herb und würzig.

Die Kronen-Wucherblume ist die am wenigsten bittere Chrysanthemen-art. Blütenblätter und ganze, junge Blüten schmecken herrlich in kurz-gebratenen Speisen und zu Kürbisgerichten. Sie eignen sich zum Verfeinern von Salaten, vor allem mit Paprika, oder als Dekoration von Suppen, die herrlich erfrischend schmecken. Ganze Blüten werden zum Garnieren verwendet. Zu Ihrer Information: Die lateinische Bezeichnung von *Chrysanthemum* ‚Pot Mum‘ (auch genießbar, manchmal bitter), wurde um-benannt in *Dendranthema* spp.

ANBAU
DURCH AUSSAAT
Samen oberflächlich in Saatschalen oder Torftöpfe säen. Mit Perlit be-decken. Wenn Sie im Haus beginnen, bevor es draußen warm wird, sollte die Bodentemperatur 19 °C betragen.

STANDORT
IM GARTEN
Die Kronen-Wucherblume wird oft sehr hoch, deshalb in die Mitte einer Rabatte oder eines Kräutergartens setzen. Sie liebt pralle Sonne und nährstoffreichen, feuchten, durch-lässigen Boden. Als Flachwurzler ist ihr auch ein steiniger Untergrund recht. Für eine gute Ernte regelmäßig düngen. Sie ist temperaturunemp-findlich; bei Temperaturen zwischen 21 und 32 °C wächst sie sehr schnell, kann zurückgeschnitten und zwei-mal oder, wenn man sie nach der

Ernte düngt, sogar dreimal geerntet werden. Bis −4 °C winterfest. Wenn Sie die Pflanzen ein wenig mit Dünger verwöhnen, können Sie selbst dann noch ernten.

IN KÜBELN
Diese Chrysanthemen sehen auch in großen Kübeln hübsch aus. Pflanzt man 4 oder 5 Pflanzen in einen Topf mit 30 cm Durchmesser, bilden sie ein Blütenmeer vom Frühsommer bis zum ersten starken Frost. Düngt man die Kübelpflanzen nach jedem Rückschnitt, wird man mit bis zu 3 Ernten belohnt.

ERNTE
Die offenen Blüten pflücken und in Wasser legen. Blütenblätter erst abzupfen, wenn sie benötigt werden. Immer den weißen Blütenansatz entfernen, da dies der bittere Teil ist.

Nur junge Blüten ganz verwenden und soviel Grün wie möglich entfernen. Die Blüten sorgfältig abwaschen, um Insekten zu entfernen, und auf einem Küchentuch trockentupfen.

KULINARISCHES
Diese Pflanze wird viel zu selten ver-wendet: Die Blätter verfeinern Salate und Kurzgebratenes (siehe S. 39), die Blüten sind eine Delikatesse. Sie ist die einzige wirklich eßbare Chrysan-theme. Die Blütenblätter schmecken gut in Ölen (siehe S. 142) und in Butter (siehe S. 138), wenn man die leicht bittere, würzige Note mag. Die ganze Blüte schmeckt besser ge-kocht als roh. Wollen Sie etwa Salat damit verfeinern, sollten Sie sie kurz in Pflanzenöl oder Butter anbraten. In diesem Rezept verwende ich die Blütenblätter und die ganzen Blüten der Kronen-Wucherblume.

RECHTS: Ganze Blüten schmecken kurz angebraten köstlich, roh sind sie bitter. Die Blütenblätter können Sie auch roh genießen.

KURZGEBRATENES CHOPSUEY MIT BOHNENSPROSSEN, GELBEM, GRÜNEM UND ROTEM PAPRIKA

Für 4 Personen
*3 Paprikaschoten, am besten
verschiedenfarbig
1 EL Pflanzenöl
1 große Zwiebel, gehackt
8 ganze Blüten
(Zubereitung siehe unter Ernte)
2 EL Blütenblätter
der Kronen-Wucherblume
150 g Bohnensprossen, gewaschen
1 EL Sojasauce*

Paprikaschoten vom Stielansatz, den
weißen Rippen und Kernen befreien
und in Streifen schneiden. Öl in einer
schweren Pfanne erhitzen, Zwiebeln
glasig werden lassen. Paprikastreifen
zugeben und 2 Minuten unter ständigem Rühren rasch anbraten. Blüten,
Blütenblätter, Bohnensprossen und
Sojasauce zugeben. 1 Minute schmoren
und sofort servieren. Eventuell mit
weiteren Blüten garnieren. Als Beilage
eignet sich gekochter Reis.

TIP
Pflücken Sie auch jene Blüten ab,
die Sie nicht benötigen, das fördert
das Wachstum und eine üppigere
Blütenbildung.

Cichorium intybus
ZICHORIE, WEGWARTE
❖

Winterhart, mehrjährig, 1 m hoch. Herrliche blaue Blüte vom Hochsommer bis in den Herbst hinein. Mittelgrüne, behaarte Blätter.

Oft sieht man diese schöne Blume auf lehmigen Böden am Straßenrand oder an Flüssen. Ihre Blüten schmecken mild, salatartig und verfeinern jede Art von Salat, für die ein zarter, nicht zu dominanter Geschmack erwünscht ist. Halten Sie Ausschau nach *Cichorium intybus album*, der Weißen Zichorie, und nach *Cichorium intybus roseum*, der Rosa Zichorie, beide schmecken gut. Eine Komination von rosafarbenen, weißen und blauen Blüten macht aus jedem Salat eine Delikatesse!

ANBAU

DURCH AUSSAAT

Die kleinen Samen im Frühjahr oder Spätsommer dünn in Töpfe oder Torftöpfe säen. Säen Sie die Samen im Spätsommer aus, keimen sie sehr schnell (7–10 Tage). Die jungen Pflanzen geschützt im kühlen Gewächshaus oder Frühbeet überwintern. Nach dem letzten Frost im Abstand von 45 cm auspflanzen.

STANDORT

IM GARTEN

Die Zichorie kann direkt in freier, sonniger Lage in leichte, vorzugsweise basische Erde gesät werden. Sämlinge im Hoch- oder Spätsommer auf 15–20 cm auslichten. Sie sollten so früh wie möglich umsetzen. Die Zichorie wird hoch, pflanzen Sie sie deshalb im hinteren Teil einer Rabatte oder windgeschützt vor einen sonnenbeschienenen Zaun. Ihre Blüten öffnen sich bei Sonnenaufgang und schließen sich bei Sonnenuntergang.

IN KÜBELN

Aufgrund ihrer Größe ist die Zichorie für Kübel nicht ideal. Der Anbau in Kübeln ist dennoch möglich, wenn sich die Pflanze an einer Mauer anlehnen kann.

ERNTE

Zichorienblüten verhalten sich wie Löwenzahnblüten: Sie schließen sich sofort nach dem Pflücken. Sie

sollten die Blüten deshalb so rasch wie möglich verwenden.

KULINARISCHES

Ich bin noch auf der Suche nach einer Lösung, diese empfindlichen Blüten erfolgreich zu konservieren. Ihr Aroma ist einfach zu zart, um es in Öl oder Zucker einzufangen. Entfernt man alle grünen Teile, sind die ganzen Blüten eßbar. In Butter (siehe S. 138) oder in Eiswürfeln (siehe S. 145) sehen Zichorienblüten sehr hübsch aus. Sowohl in grünen Salaten als auch in Fruchtsalaten schmecken die Blüten köstlich.

TIP

Nicht vergessen: Die jungen Blätter schmecken gut in Salaten, und die Wurzel kann geröstet und als Kaffee-Ersatz gemahlen werden. Sie können junge Wurzeln ausgraben, kochen und mit einer Sauce als eigenständiges Gemüsegericht servieren.

auslegen, dann den Endiviensalat, den Zichorienblättern, Kopfsalat und Feldsalat zugeben. Für das Dressing Dill und Öl vermischen, den Essig einrühren und abschmecken. Über den Salat gießen, unterheben, mit Zichorienblüten bestreuen und anrichten.

MIT ZICHORIENBLÜTEN UND SARDINEN GEFÜLLTE ZITRONEN

Gut als Vorspeise geeignet:

Für 6 Personen
6 große Zitronen
100g ungesalzene, weiche Butter
6 frische Sardinen
1 TL Tomatenmark
1 TL Französischer Senf
1 Prise gemahlener Muskat
8 blaue Zichorienblüten

Von der Unterseite der Zitronen eine dünne Scheibe abschneiden, damit sie gut stehen. Von der Oberseite eine dicke Scheibe abschneiden und das Fruchtfleisch mit einem scharfkantigen Löffel ausschaben. Damit fortfahren, bis harte Membranen und Kerne entfernt sind. Fruchtfleisch und Saft beiseite stellen. Butter mit dem Mixer cremig rühren, Sardinen, Tomatenmark, Fruchtfleisch, Saft und Senf zugeben und glattrühren. Mit Muskat würzen. Blütenblätter von 2 Zichorienblüten einrühren; die Mischung in die Zitronen füllen, mit je einer Blüte und den Oberteilen bedecken. Kalt stellen. Mit den restlichen Blüten bestreut servieren.

GRÜNER BLATTSALAT MIT BLAUEN, ROSAFARBENEN UND WEISSEN ZICHORIENBLÜTEN

Dieser Salat kann beliebig variiert werden. Die folgenden Zutaten sind als Anregungen zu verstehen.

Für 4 Personen
1 Endiviensalat
1 Kopfsalat
1 knackiger Eissalat
Feldsalat
5 junge Zichorienblätter
10 verschiedenfarbige Zichorienblüten, ohne grüne Teile

Salatdressing
1 EL Dill, gehackt
3 EL Olivenöl
1 EL Estragonessig
Salz und Pfeffer, frisch gemahlen

Salatblätter waschen, trocknen, zerpflücken. Salatschüssel mit Eissalat

Citrus sinensis und Citrus limon
ORANGE und ZITRONE

❖

Immergrüner Baum/Strauch, bis zu 8 m hoch. Im Frühjahr kleine, höchst aromatische, weiße Blütensterne, einzeln oder in Dolden.

Die Zitrusblüte ist oft in Duft und Aroma sehr intensiv. Sie ist süß, pikant und zitronig zugleich und harmoniert mit einer Vielzahl von Gerichten, von kurzgebratenen Speisen bis hin zu Desserts.

ANBAU

DURCH AUSSAAT

Zitruspflanzen können aus Samen gezogen werden. Die daraus entstehenden Sämlinge tragen jedoch erst langsam Früchte und sind manchmal nicht artgemäß. In einen vorbereiteten kleinen Topf mit Rinden-Torf-Kompost-Gemisch säen. Die Sämlinge in Töpfe mit Lehmkompost umsetzen, der fest zusammengepreßt sein sollte. Dieser Kompost schützt das Gehölz davor, zu weich und saftig zu werden.

DURCH STECKLINGE

Diese können vom späten Frühjahr bis zum Frühsommer von den halbreifen Trieben abgenommen werden. Verwenden Sie ein Kompostgemisch aus Rinde, Torf und Sand. Nach der Wurzelbildung in lehmigen Kompost setzen und diesen fest andrücken.

STANDORT

IM GARTEN

In Südengland ist es gelungen, Orangen und Zitronen im Freien an geschützter Stelle vor Südmauern zu ziehen, wobei die Ernte nicht sehr reichhaltig ausfällt. Die Erde muß warm, nährstoffreich, feucht und durchlässig sein. In warmen Klimazonen müssen die Bäume in einem Abstand von 5–6 m gesetzt und gut bewässert werden. Nach etwa 10 Jahren erreicht ein Baum seine volle Größe und kann bis zu 500 Früchte pro Jahr liefern.

IN KÜBELN

In Nordeuropa ist es ratsam, Zitruspflanzen im Kübel zu ziehen, und sie im Sommer ins Freie, im Herbst in ein Gewächshaus oder einen Wintergarten zu stellen. Sie sollten die Zitrusbäumchen in einen großen Kübel mit gut durchlässigem Lehmkompost pflanzen. Formschnitt im Frühjahr und im Frühherbst vornehmen. Den Topf nicht austrocknen lassen und die Bäumchen im Sommer reichlich gießen.

ERNTE

Blüten pflücken, wenn sie sich öffnen bzw. wenn sie voll aufgeblüht sind. Trocknen, einfrieren oder am besten in Zucker, Öl, Sirup oder Butter konservieren (siehe S. 138–142).

KULINARISCHES

Die prickelnd süßen Blüten passen zu pikanten und süßen Speisen. Sie sind vollständig eßbar, doch müssen alle grünen Teile entfernt werden. Bei Pollenempfindlichkeit sollten Sie aber die Staubgefäße entfernen!

TIP

Trägt Ihr Baum Früchte, dauert es bis zu einem Jahr, bis sie reif sind.

THAILÄNDISCHES HÜHNERCURRY MIT ZITRONENBLÜTEN UND REIS

Herstellung von Kokosmilch
340 g getrocknete Kokosnuß
1 l Wasser

Für 6 Personen
1 Brathühnchen,
etwa 1,5 kg schwer
je 300 ml dicke und
dünne Kokosmilch (siehe unten)
3 EL grüne Currypaste (siehe unten)
2 Zweige weiche Zitrusblätter
(Zitrone oder Orange)
2 EL frische grüne Chilis,
fein gehackt und ohne Samen
1 TL Salz
4 EL frische Korianderblätter,
fein gehackt
3 EL Zitrusblüten zum Garnieren

2 Tassen getrocknete Kokosnuß in einen großen Topf geben, 600 ml Waser erhitzen und darübergießen. Etwas abkühlen lassen, ein paar Minuten fest kneten, durch ein feines Sieb streichen, dabei soviel Flüssigkeit wie möglich ausdrücken und als dicke Kokosmilch beiseite stellen. Vorgang mit derselben Kokosmasse wiederholen. Dies ergibt die dünne Kokosmilch.

Grüne Currypaste
4 große frische Chilischoten, ohne
Samen (sie sind extrem scharf!)
1 TL schwarze Pfefferkörner
1 kleine Zwiebel
1 EL Knoblauch, gehackt

2 EL frischer Koriander
1 TL Koriandersamen, gemahlen
1 TL Kreuzkümmel, gemahlen
1 TL Gelbwurz, gemahlen
1 EL Öl

Alle Zutaten mit dem Mixer glattrühren, wenn nötig, noch Öl zugeben. Sind Sie in Zeitnot, können Sie grüne Currypaste auch kaufen. Das Huhn zerteilen. 300 ml dicke Kokosmilch langsam zum Kochen bringen, Hitze reduzieren und unter stän-

digem Rühren köcheln lassen, bis sie eindickt. 3 Eßlöffel grüne Currypaste zugeben und weiter unter ständigem Rühren 5 Minuten köcheln. Hühnerteile in die Sauce legen und wenden, bis sie die Farbe verändern, 300 ml dünne Kokosmilch und die Zitrusblätter zugeben. Alles wieder zum Kochen bringen, Hitze reduzieren und unbedeckt etwa 35 Minuten lang schmoren lassen, bis das Hühnchen durch und die Sauce dick und ölig ist. Frische

Chilis, Salz und Kräuter einrühren und weitere 5 Minuten lang köcheln lassen.

Mit weißem Reis servieren und mit Zitrusblüten garnieren.

ORANGENSORBET

Für 4 Personen

4 große Orangen (ungewachst)
300 ml Wasser
75 g Kristallzucker
3 EL Orangenblüten
1 Eiweiß, geschlagen

Den oberen Teil der Orange abschneiden, das Fruchtfleisch ausschaben und in einen Topf geben. Die ausgehöhlten Früchte in das Gefrierfach stellen – sie dienen später als Serviergefäße.

Wasser, Zucker und einen Eßlöffel Orangenblüten zum Fruchtfleisch geben und langsam aufkochen, dabei gelegentlich umrühren, damit der Zucker nicht am Boden haftet. Die Flüssigkeit etwa 8 Minuten köcheln lassen.

Nun die Flüssigkeit durch ein Sieb gießen und mit Zucker abschmecken. Abkühlen lassen und für 10 Minuten in den Kühlschrank stellen. Dann mit einem Schneebesen oder einer Gabel leicht schlagen, bis die Masse cremig wird. Anschließend das geschlagene Eiweiß einarbeiten und noch einen Eßlöffel Orangenblüten zugeben.

Das Sorbet in die ausgehöhlten, gefrorenen Orangen füllen und nochmals für einige Zeit im Gefrierfach kühlen.

10 Minuten vor dem Servieren herausnehmen und mit den restlichen Blüten garnieren.

GANZ LINKS: Orangensorbet
OBEN LINKS: Junge Orangen
UNTEN: Orangenblüten

Coriandrum sativum

KORIANDER

❖

Robuste, einjährige Pflanze, 60 cm hoch. Kleine, weiße Blüten im Sommer. Die untersten Blätter sind breit, sie riechen und schmecken sehr intensiv; die oberen Blätter sind fein eingeschnitten und riechen eher pikant.

Normalerweise versucht man, die Blüte zu unterbinden, um das Blattwachstum zu begünstigen. Doch bei Koriander ist dies schier unmöglich. Deshalb ist es gut zu wissen, daß die Blüten ganz vorzüglich schmecken. Ihr Aroma liegt zwischen dem der oberen und der unteren Blätter, doch etwas süßer und mit nussiger Note. Sie passen zu vielen Speisen, auch zu thailändischer Küche und Salaten bis zu Suppen und Dips.

ANBAU

DURCH AUSSAAT

Die robusten Samen direkt in Töpfe oder Torftöpfe säen. Nicht in Saatschalen aussäen, denn der Koriander nimmt es Ihnen übel, wenn beim Umsetzen seine Wurzeln beschädigt werden. Er schießt dann schnell in Samen und läßt das Blattstadium aus. Die jungen Pflänzchen im Abstand von 23 cm in den Garten setzen, sobald sich die Erde erwärmt hat und kein Frost mehr droht. Ziehen Sie ihn nur seiner Blätter wegen, reichen auch 5 cm Abstand.

STANDORT

IM GARTEN

Sobald sich die Erde erwärmt und die Frostgefahr vorüber ist, direkt in den Garten in flache Furchen mit lockerer, durchlässiger Erde an einen sonnigen Platz säen. Wenn die Pflanze zu blühen beginnt, ist sie etwa 60 cm hoch und muß an windigen Orten gestützt werden.

IN KÜBELN

Da der Koriander das Umsetzen nicht schätzt, sollte man direkt in einen ausreichend großen Topf säen. In Kübeln können Sie die Wachstumsbedingungen besser steuern, ihn vor Frost oder zuviel kaltem Regen schützen. Stellen Sie ihn in die pralle Sonne, dann schießt er nicht so sehr in die Höhe.

ERNTE

Blüten ernten, sobald sie sich zeigen und in Öl, Butter oder Essig (siehe S. 138–142) konservieren. Er eignet sich für alle diese Varianten.

KULINARISCHES

Korianderblüten sind vielseitiger als Blätter oder Samen und harmonieren mit den unterschiedlichsten Gerichten. Verwenden Sie sie in einem Dip aus Frischkäse, zu Kurzgebratenem (erst zum Schluß zugeben!) oder zu Blumenkohl. Es gibt unzählige Möglichkeiten, vor allem wenn man Kori-

anderblüten auch konserviert in Öl, Butter oder Essig verwendet (siehe S. 138–142). Das Öl eignet sich hervorragend für griechisches Moussaka. Die Blätter, Samen und Blüten des Koriander verfeinern jede Tomatensauce und passen etwa mit Pilzen hervorragend zu Nudelgerichten. Vinaigrette mit Korianderessig und -öl schmeckt vorzüglich. Oder Sie bestreuen beispielsweise einen Orangensalat mit den Blüten; das Aroma der Korianderblüten ergänzt den wunderbaren Orangengeschmack.

TIP

Die Samen schmecken besonders gut. Beim Reifen entwickeln sie ein wundervolles, würziges Orangenaroma. Sie sollten selbstgezogenen Samen den Vorzug geben, denn diese schmecken frischer, intensiver und haben ein starkes Orangenaroma!

KORIANDERBLÜTEN IN TOMATENGELEE-SALAT

Für 4 Personen

6 große Tomaten
1 TL Schalotten, gehackt
1 TL frischer Thymian, gehackt
2 TL frische Korianderblätter, gehackt
schwarzer Pfeffer, frisch gemahlen
1 Zwiebel, in Ringe geschnitten
2 Gewürznelken
1 Lorbeerblatt
1 EL Tomatenmark
4 EL heißes Wasser
1 TL Salz
1 Päckchen Gelatine oder
2 TL Agar-Agar (für Vegetarier)
1 EL Korianderblüten

Tomaten, Schalotten, Thymian, Korianderblätter, Pfefferkörner, Zwiebelringe, Gewürznelken und das Lorbeerblatt in einem Topf langsam zum Kochen bringen und solange köcheln, bis die Tomaten weich sind. Tomatenmark, heißes Wasser und Salz einrühren. 3 Minuten köcheln, dabei gelegentlich umrühren. Durch ein Sieb streichen, wieder in den Topf geben und aufkochen. Gelatine einrühren, bis sie sich aufgelöst hat. Dann die Korianderblüten zugeben, umrühren und die Flüssigkeit in eine runde 1,25-l-Ringform gießen. Das Tomatengelee bis zum Servieren im Kühlschrank kalt stellen.

Vor dem Anrichten stürzen und die Mitte entweder mit vielen Korianderblüten oder Kartoffelsalat, grünem Salat, kaltem Braten oder anderen Zutaten füllen.

GARNELEN MIT KORIANDERBLÜTEN

Für 4–6 Personen

500g geschälte, gegarte Garnelen
6 EL Zitronensaft
6 Frühlingszwiebeln,
in Ringe geschnitten
2 TL frischen Ingwer, gerieben
1 EL Korianderblätter,
fein gehackt
1 EL Minze, fein gehackt
2 EL Korianderblüten

Garnelen in eine Schüssel legen und mit Zitronensaft beträufeln. Gefrorene Garnelen sollten Sie zuerst vollständig auftauen. Frühlingszwiebeln, Ingwer, Korianderblätter, Minze und einen Eßlöffel Korianderblüten unterheben. Zudecken und vor dem Servieren ein paar Stunden in den Kühlschrank stellen. Zum Anrichten auf eine Servierplatte bzw. auf einzelne Teller legen und mit den restlichen Blüten garnieren.

Cucurbita pepo var.
ZUCCHINI ODER KÜRBIS

❖

Einjährig, 30–45 cm hoch. Gelbe bis cremefarbene, trompetenförmige Blüten mit zartem Aroma im Sommer. Grüne, ahornförmige Blätter.

Die Familie der Kürbisgewächse ist sehr groß; sie umfaßt Rankpflanzen und nicht rankende Büsche. Dazu gehören Zucchini, das sind unreife, jung gepflückt Kürbisse und runde Kürbisse aller Formen und Farben. Sie alle haben eines gemeinsam: Ihre Blüten sind gelb, doch sie sind unterschiedlich groß. Es gibt weibliche und männliche Blüten, die leicht auseinanderzuhalten sind, da die männlichen auf langen, schlanken Stielen und die weiblichen auf sehr kurzen Stielen sitzen und man hinter der Blüte die junge Frucht wachsen sieht. Verwendet man die weibliche Blüte vor ihrer Bestäubung, wird die junge Frucht braun und verwelkt.

ANBAU
DURCH AUSSAAT
Samen zu Frühlingsbeginn in kleine Töpfe oder große Torftöpfe säen. Meiden Sie Saatschalen, da die Wurzeln, die beim Umsetzen ja oft in Mitleidenschaft gezogen werden, empfindlich sind. 2 Samen in einen 9 cm großen Topf geben und für ca. 18 °C sorgen.

STANDORT
IM GARTEN
Samen direkt in vorbereiteten, nährstoffreichen Boden in sonniger Lage säen. Am besten 30 cm große Löcher graben und mit einer Mischung aus gut verrottetem Dünger oder Kompost füllen. Sie müssen nicht tief sein, da Kürbisse nicht sehr tief wurzeln. Bei buschigen Sorten Löcher in einem Abstand von 90 cm anlegen, bei Rankpflanzen von 120 cm und bei Zucchini von 50 cm. Säen, sobald

sich die Erde zu erwärmen beginnt und kein Frost mehr droht.

IN KÜBELN
Die kleinwüchsigeren Zucchini gedeihen gut in Töpfen, solange diese groß genug sind, um den Wurzelstock aufzunehmen (etwa 20 cm). Auch Blumenkästen eignen sich.

ERNTE
Männliche Blüten im Sommer, gleich wenn sie sich öffnen, ernten. Die weiblichen Blüten nur dann, wenn Ihr Bedarf an Kürbissen bzw. Zucchini bereits gedeckt ist.

KULINARISCHES
Blüten gut waschen und auf Ohrwürmer untersuchen. Die trompetenförmigen Blüten bietet sich geradezu an, mit Käse, Nüssen, Perlweizen oder Kräutern gefüllt zu werden (siehe S. 49). Sie sind auch als eigen

ständiges Gemüsegericht sehr schmackhaft. Sind Sie mit Blüten reich gesegnet, dann sollten Sie das folgende schnelle Rezept versuchen: Zwiebeln und etwas Knoblauch in Öl anbraten, einige Zucchiniblüten zugeben und kurz mitbraten, bis sie transparent sind. Mit gehacktem Basilikum vermischt servieren.

TIP
Kürbisse sind sehr schädlings- und krankheitsanfällig, vor allem auf Nacktschnecken achten. Stellen Sie Bierfallen auf, oder entfernen Sie die Schnecken nachts.

GEFÜLLTE ZUCCHINIBLÜTEN

Für 4–6 Personen
10 große Zucchiniblüten
Öl zum Fritieren

Teig
100 g glattes Mehl
Salz
2 EL Thymianöl
150 ml warmes Wasser
1 Eiweiß

Füllung
1 EL Thymian- oder Olivenöl
1 kleine Zwiebel, fein gehackt
1 Knoblauchzehe, gepreßt
100 g gekochter, brauner Reis
1 EL Pinienkerne
1 EL Zitronenthymian, gehackt
Salz und Pfeffer, frisch gemahlen
1 gestrichener EL Schnittlauch,
gehackt
150 ml magerer Frischkäse

Blüten sorgfältig waschen und trocknen. Für den Teig das Mehl in eine große Schüssel sieben, eine Prise Salz hinzufügen, Öl und lauwarmes Wasser einrühren.

1–2 Stunden ruhen lassen. Vor dem Füllen das Eiweiß schlagen und unter den Teig heben. Das Eiweiß sollte nicht zu steif sein.

Thymianöl in einer großen Bratpfanne erhitzen, Zwiebeln langsam anbraten, Knoblauch zugeben und noch eine weitere Minute braten. Reis, Pinienkerne und Thymian zugeben und 2 Minuten lang durch-

rühren. Vom Herd nehmen, mit frisch gemahlenem Salz und Pfeffer würzen, Schnittlauch und Käse einrühren.

Nun die Zucchiniblüten vorsichtig öffnen und mit der vorbereiteten Mischung füllen. Die Füllung mit den Blütenblättern bedecken. Die fertig gefüllten Blüten in den vorbereiteten Teig tauchen. In einer großen

Pfanne Öl erhitzen und die Blüten nach und nach in das Öl legen. Die Zucchiniblüten 4 Minuten lang braten, dabei einmal wenden. Herausnehmen, auf einem Küchentuch abtropfen lassen und sofort servieren.

UNTEN: Die gelben Zucchini schmecken so gut wie ihre grünen Verwandten.

Dianthus & spp.
NELKE

❖

Mehrjährig, 15–60 cm hoch. Intensiv duftende weiße, rosafarbene, karmin-, kirschrote oder gemischtfarbige Blüte. Gefranste, gefüllte oder einfache Blüten mit lanzettlichen, grünen Blättern.

Es gibt nichts Nostalgischeres als den Duft von Nelken an einem lauen Sommerabend. Ihr Geschmack ist ebenso gut wie ihr Duft, der an Gewürznelken erinnert. Köstlich in Desserts, wie Fruchttorten oder Obstsalat, oder in Kuchen, Marmeladen und Gelees. Nelken verfeinern das Aroma der Speisen. Es gibt viele Zuchtformen. Alle sind eßbar, solange die weißen Blütenansätze entfernt werden. Fragen Sie nach *Dianthus* ‚Mrs Sinkins‘, *Dianthus* ‚Gran‘s Favourite‘ oder *Dianthus* ‚Prudence‘.

ANBAU
DURCH AUSSAAT
Nelken können aus Samen gezogen werden, doch sie sind in Größe, Farbe und Eigenschaften sehr unterschiedlich. Wenn Sie Abwechslung lieben,

sind sie genau richtig. Samen im Herbst in Saatschalen oder Torftöpfe säen. Unter Abdeckungen überwintern. Jungpflanzen bei Keimbeginn keinesfalls zu stark gießen.

DURCH TEILUNG
Nach der Blüte können reife Pflanzen im Frühherbst ausgegraben und geteilt werden.

DURCH STECKLINGE
Im Frühjahr Weichholzstecklinge abnehmen. Eine andere Möglichkeit ist, im Frühherbst Achselstecklinge abzunehmen.

STANDORT
IM GARTEN
Nelken bevorzugen durchlässigen, kargen Boden und einen geschützten, sonnigen Standort.

LINKS: In dieser originellen Vase kommen Nelken schön zur Geltung.

IN KÜBELN
Am dekorativsten sehen Nelken in alten Terracottatöpfen aus. Wählen Sie einen durchlässigen Kompost, den Sie im Winter trocken halten.

ERNTE
Blüten, sobald sie sich öffnen, ernten. Durch Zugeben zu Zucker, Sirup, Marmelade, Öl oder Essig konservieren (siehe S. 138–142). Sie können die Blüten auch kandieren (siehe S. 142).

KULINARISCHES
Diese vielseitige Pflanze ist, einfach zu verwenden. Blütenblätter abzupfen und die weißen Teile an ihrem Ansatz entfernen, denn sie schmecken sehr bitter.

TIP
Der häufigste Schädling ist die Rote Spinnmilbe. Behandeln Sie die Pflanze mit einer Spezialseife. Herstellerhinweise beachten!

NELKENKONFITÜRE

Etwa 700 g

200 g Kristallzucker

300 ml Wasser

50 g vorbereitete Nelkenblütenblätter

Zucker und Wasser in einem Topf langsam zum Kochen bringen. Umrühren, bis sich der Zucker aufgelöst hat, und bis zum Eindicken weiterköcheln. Unter ständigem Rühren die gehackten Blütenblätter zugeben und leicht weiterköcheln, bis die Mischung ganz dick wird. Anschließend in sterilisierte warme Gläser füllen, abkühlen lassen und verschließen. Nach dem Öffnen die Konfitüre kühl lagern und innerhalb von 4 Wochen verbrauchen.

NELKEN MIT CRÈME FRAÎCHE UND FRUCHTSALAT

Für 4 Personen

1 Honigmelone

225 g Lychees

2 Kiwis, in Scheiben geschnitten

24 Stachelbeeren, vorgekocht

225 g grüne, kernlose Trauben

150 ml weißer Traubensaft

1 EL Nelkenblütenblätter

(weiße Ansätze entfernen)

4 Nelkenblüten

zum Garnieren

Für die Crème fraîche

200 ml Crème fraîche

2 EL Nelkenblütenblätter

(weiße Ansätze entfernen)

Die Melone entkernen, das Fruchtfleisch kugelförmig, am besten mit einem Löffel ausstechen. Lychees schälen, entkernen und halbieren. Zusammen mit den übrigen vorbereiteten Früchten in einer Schüssel vermengen, Traubensaft und Blütenblätter zugeben, verrühren und ein paar Stunden kalt stellen. Kurz vor dem Servieren die Crème fraîche mit den Blütenblättern verrühren und im Kühlschrank kalt stellen. Anschließend mit den ganzen Nelkenblüten garnieren und servieren.

UNTEN: Fruchtsalat mit Nelken

Eruca vesicaria ssp. *sativa*
RUCOLA, RAUKE

❖

Einjährig, 60–90 cm hoch. Die vierblättrige Blüte ist im Sommer zunächst gelb, wenn sie älter wird, etwas weißer und blaugeädert. Mittelgrüne, ovale, zungenförmige Blätter.

Diese Pflanze ist unter dem Namen Rauke oder Rucola bekannt. Bei derart blütenreichen Pflanzen ist es ein echter Vorteil, daß ihre Blüten gut schmecken. Und dies trifft auf Rucolablüten zu: Sie schmecken nußig, pfeffrig und leicht nach Kresse. Pikanten, kurzgebratenen Gerichten verleihen sie genauso einen exotischen Touch, wie Süßspeisen, in denen sie jedoch sparsam verwendet werden sollten, da sie würzig schmecken. Wie sich nach einigen interessanten Versuchen herausstellte, passen sie besonders gut zu Rhabarberkompott.

ANBAU
DURCH AUSSAAT
Diese Pflanze wird am besten direkt im Freien ausgesät.

STANDORT
IM GARTEN
Es können Blüten und Blätter geerntet werden, weshalb Sie sich bei der Aussaat entscheiden müssen. Rucola liebt feuchten Boden, für die Blätter etwas im Schatten, für die Blüten in praller Sonne. Nach den Nachtfrösten und sobald sich die Erde erwärmt, direkt in den Garten in vorbereitete Reihen säen. In gemäßigten Klimazonen kann Rucola für eine weitere Ernte im Herbst gesät werden. In kühleren Ländern wird zu Frühlingsbeginn gesät und im Sommer geerntet. Wenn Sie keinen Platz für Rucolareihen haben, säen Sie sie in kleinen Gruppen in die Blumenrabatte. Für Blatt- und Blütenernte

Sämlinge auf 20 cm auslichten. Die Blätter können nach 6–8 Wochen, die Blüten nach 12–14 Wochen geerntet werden. Je später man sät, d.h. je wärmer es ist, desto schneller beginnt die Pflanze zu blühen.

IN KÜBELN
Zur Blatternte gedeiht die Rauke in Töpfen nicht sehr gut, die Blüten dagegen entwickeln sich besser. Direkt in geschützt stehende Töpfe säen, wodurch man sich das Anbinden der langen Stiele erspart. Wärme begünstigt die Blüte. Sehr feucht halten. Durch ständiges Abernten der Blüten wird eine erneute Blüte der Pflanzen angeregt, und Sie sind den ganzen Sommer über reichlich versorgt.

ERNTE
Die Blüten schmecken am besten, solange sie jung und gelb sind. Sie sollten sie frisch verwenden. Die

Blüten können nicht getrocknet, aber in Öl, Essig und Butter konserviert werden (siehe S. 138–142).

KULINARISCHES
Die ganze Blüte ist eßbar, doch sollten alle grünen Teile entfernt werden. Die Schwellung hinter der Blüte – wo sich die Samen bilden – läßt die Blüten beim Hineinbeißen knacken. Sie können Blütenblätter, ganze Blüten oder ganze knackige Blüten verwenden – je nach Rezept. Versuchen Sie sie zu Reissalat oder auf gekochte grüne Bohnen gestreut. Sie passen auch gut zu Taramasalata mit Vollkorntoast.

TIP
Wenn Sie in den Blättern kleine Löcher entdecken, haben Sie es mit dem Erdfloh zu tun. Streuen Sie sofort Ruß um die Pflanzen.

JOGHURTCREME FÜR FOLIENKARTOFFELN

Für 4 Personen

4 Folienkartoffeln

150 ml Joghurt

18 Rucolablätter, fein gehackt

10 knackige Rucolablüten

1 EL Rucolablüten

(nicht knackig)

Folienkartoffeln im Backofen garen. Joghurt, Rucolablätter und knackige Blüten in einer Schüssel vermengen. Fertige Kartoffeln aus dem Rohr nehmen und an der Oberseite kreuzförmig einschneiden. Jede Kartoffel mit je einem Eßlöffel Jog-hurtcreme füllen und mit den restlichen Blüten bestreuen. Sollte von der Joghurtcreme noch etwas übrig sein, mit Blüten garnieren und dazureichen. Die Kartoffeln heiß servieren.

SALAT IN ROT, GRÜN UND GELB

Für 2–4 Personen

1 grüne Paprikaschote

1 rote Zwiebel

10 knackige Rucolablüten

1 EL Rucolablüten,

nur Blütenblätter

30-40 Rucolablätter

Salatdressing

3 EL Oliven- oder

Sonnenblumenöl

1 EL Estragonessig

1 EL Dijon-Senf

Salz und Pfeffer nach Geschmack

Den Paprika in feine Streifen, die Zwiebel in Ringe schneiden. Rucola-blüten und Blätter behutsam waschen und mit einem Küchentuch trocknen. Anschließend alle Zutaten in eine Salatschüssel füllen.

Für das Dressing Öl, Essig und Senf verrühren und abschmecken. Über den Salat gießen, unterheben und servieren.

Filipendula ulmaria
MÄDESÜSS

❖

Mehrjährig, 60–120 cm hoch. Die aus rahmweißen, süß duftenden Einzelblüten bestehenden Rispen blühen im Hochsommer. Die grünen Blätter sind fünfblättrig gefiedert.

Diese Blüten wurden in England schon von den Angeln und Sachsen verwendet. In Geoffrey Chaucers *Die Erzählung des Ritters* war Mädesüß eine der Zutaten in einem Getränk namens „Save". Man kann aus ihnen einen vorzüglichen Wein machen oder Kompott, Marmelade und Essig damit verfeinern. Sollten Sie mein Kräuterbuch gelesen haben, dann erinnern Sie sich vielleicht, daß Mädesüßessig mein erster Blütenessig war. Er ist eine hervorragende Basis für Vinaigrette. Die Blüten von *Filipendula ulmaria* ‚Aurea‘, dem goldfarbenen Mädesüß, und *Filipendula ulmaria* ‚Variegata‘, der panaschierten Form, sind ebenfalls eßbar.

MÄDESÜSSWEIN

Etwa 4–5 Flaschen
600 ml Mädesüßblüten (nur Einzelblüten)
225 g Sultaninen, gehackt
1,6 kg weißer Zucker
4½ l kochendes Wasser
Saft von 3 Zitronen
150 ml starker schwarzer Tee
20 g Backhefe oder 1 TL Weinhefe
1 TL Hefenährsalz
(in Drogerien erhältlich)

ANBAU
DURCH AUSSAAT
Im Herbst in Saatschalen oder Torftöpfe säen. Leicht mit Kompost bedecken, im Freien unter Glas überwintern. Gelegentlich überprüfen, ob der Kompost nicht zu trocken ist, denn das würde das Keimen hemmen. Sind die Sämlinge groß genug, auf 30 cm ausdünnen.

DURCH TEILUNG
Größere Pflanzen können im Herbst geteilt und an einen vorbereiteten Standort umgesetzt werden.

STANDORT
IM GARTEN
Bevorzugt Halbschatten und feuchte Böden. Wenn Ihr Boden im Sommer austrocknet, reichern Sie die Erde vor dem Pflanzen mit gut verrottetem Dünger oder Kompost an.

IN KÜBELN
Die Zuchtsorten von Mädesüß sind kleinwüchsiger als die wildwachsenden Sorten. Sowohl goldene als auch panaschierte Formen sehen in Töpfen am hübschesten aus. Stellen Sie den Topf in den Halbschatten und sorgen Sie für gute Bewässerung.

ERNTE
Pflücken Sie die Blüten, sobald sie sich öffnen. Sie können in Essig, Öl (siehe S. 57) oder Zucker konserviert werden. Probieren Sie auch Mädesüßgelee (siehe S. 141).

KULINARISCHES
Die feinen, süß duftenden Blüten kann man in Salaten essen, doch ich finde ihr volles Aroma kommt in Öl, Essig und Gelees besser zur Geltung. Wenn Sie selbstgemachten Wein mögen, versuchen Sie folgendes Rezept:

Blüten, Sultaninen und Zucker in ein Plastikgefäß mit Deckel geben. Wasser zugießen und gut umrühren. Nach dem Abkühlen Zitronensaft, Tee, Hefe und Nährsalz hinzufügen. 4 bis 5 Tage bei 18–20 °C gären lassen, zweimal täglich umrühren und verschlossen halten. Dann in ein Gärgefäß mit Gäraufsatz umfüllen. Weiter gären lassen.
Wenn sich der Wein klärt, in saubere Flaschen abfüllen und 3 Monate lang reifen lassen.

MÄDESÜSS-BEIGNETS

Ich bin zwar nicht begeistert von Beignets, aber dieses Rezept ist verführerisch:

Etwa 16 Beignets
(je nach Größe der Blütenrispen)
2 Blütenrispen pro Person
125 g glattes Mehl
1 Prise Salz
1 EL Öl
150 ml Bier oder Wasser
2 kleine Eier, getrennt
Öl zum Fritieren
Kristallzucker zum Bestreuen
Gehackte Rosenblätter
(weiße Ansätze entfernen)
zum Garnieren.

Blütenrispen unter fließendem Wasser vorsichtig waschen und mit einem Küchentuch trockentupfen. Dann auf ein trockenes Küchentuch legen.

Mehl und Salz mit Öl und Bier oder Wasser vermischen und gut durcharbeiten, bis der Teig glatt ist. Eigelb einrühren. Abdecken und an einem warmen Ort ein paar Stunden stehen lassen, damit das Mehl etwas quellen kann. Eiweiß steif schlagen und unterheben. Öl stark erhitzen. Rispen trockenschütteln, in den Teig tauchen und goldbraun im Öl herausbacken. Mit Zucker und gehackten Rosenblättern bestreuen. Diese harmonieren gut mit Mädesüß und geben dem Gericht einen herrlichen Geschmack.

OBEN: In Öl eingelegtes Mädesüß

TIP
Aus den Blüten kann erkältungslindernder Tee bereitet werden.

Foeniculum vulgare
FENCHEL
❖

Mehrjährig, 1,5–2,1 m hoch. Gelbe, zart duftende Doldenblüten im Spätsommer. Zartgefiederte, frischgrüne, nach Anis duftende Blätter.

Diese süßen Blüten passen mit ihrem Anisaroma ausgezeichnet zu Fisch und Schweinefleisch. Sie helfen, wie auch die Blätter, die Entstehung von Cholesterin zu vermeiden. Die ganze Pflanze ist eßbar, hatte schon im Alten Rom ihren Platz in der Küche und war eines der heiligen Kräuter der Angeln und Sachsen. Die Blüten des Bronzefenchels, *Foeniculum vulgare* ‚Purpureum‘ werden genauso verwendet, wie jene des grünen Fenchels.

ANBAU
DURCH AUSSAAT
Aussaat im Frühjahr in Saatschalen oder Torftöpfe. Mit Perlit bedecken. Eine Bodenwärme von 15°C beschleunigt das Keimen. Nach dem letzten Frost können Sie die Fenchelpflanzen in den Garten setzen.

DURCH TEILUNG
Das Teilen ausgewachsener Pflanzen ist nur bei leichtem, sandigem Boden wirklich erfolgreich. Pflanzen im Herbst ausgraben, teilen und an einen vorbereiteten Standort umsetzen.

STANDORT
IM GARTEN
Fenchel bevorzugt einen sonnigen Standort mit nährstoffreicher, lokkerer, durchlässiger Erde. Obwohl Fenchel mehrjährig ist, sollten Sie ihn alle 3 Jahre ersetzen. Sie können ihn auch nach dem letzten Frost direkt in den Garten säen.

GANZ RECHTS: Fenchel mit Sonnenblumen

IN KÜBELN
Bronzefenchel sieht in Töpfen äußerst dekorativ aus. Zu Beginn der Blüte muß er oft gestützt werden. Im Sommer sollten Sie ihn vor der Mittagssonne schützen, regelmäßig gießen und düngen.

ERNTE
Pflücken Sie die Doldenblüten, sobald sie sich geöffnet haben. Fenchelblüten können in Öl, Essig oder Butter konserviert werden (siehe S. 138–142).

KULINARISCHES
Die ganze, von den Doldenstielen entfernte Blüte ist eßbar. Ihr süßes Anisaroma paßt gut zu Suppen, vor allem aus Gurken oder Kartoffeln, zu Fischgerichten, z.B. zu Makrelen, und zu vielen Gemüsegerichten. Auch in Kartoffel-, Tomaten- und Gurkensalaten kann man die Blüten verwenden. Das Blütenöl eignet sich zum Braten von Fisch oder zum Marinieren von gegrillten Kotelettes.

GURKENSALAT

Für 4 Personen
1 große Salatgurke
1 TL Salz
2 EL vorbereitete Fenchelblüten
1 EL Fenchelblätter, gehackt

Gurke schälen, in feine Scheiben schneiden und in eine Schüssel geben. Salzen, mit einem Teller beschweren und etwas zusammendrücken; 1 Stunde ziehen lassen. Flüssigkeit abgießen, Scheiben auf einem Teller anrichten, mit Fenchelblüten und -blättern bestreuen und servieren. Schmeckt herrlich zu gedünstetem Lachs!

TIP
Fenchel nicht in die Nähe von Koriander pflanzen, das Aroma ist zu stark. Aus den Samen bereiteter Fencheltee wirkt verdauungsfördernd, beugt Sodbrennen und Verstopfung vor.

ROTKOHL MIT FENCHELBLÜTEN

Für 4 Personen

1 mittelgroßer Rotkohl
2 Äpfel, geschält, ohne Kerngehäuse
und grob gehackt
Butter
1 EL Kristallzucker
2-3 EL Fenchelblütenessig
Salz und Pfeffer, frisch gemahlen
Muskat, frisch gerieben
2 EL Fenchelblüten, vorbereitet
Backofen auf 165°C
(Gas: Stufe 3) vorheizen

Den Rotkohl von den äußeren Blättern befreien und vierteln. Den Strunk entfernen und die Kohlblätter in schmale Streifen schneiden. Diese schichtweise mit den Apfelstücken in eine mit Butter gefettete Kasserolle legen. Auf jede Schicht Zucker, Essig, Salz, Pfeffer, Muskat und Fenchelblüten geben, zudecken und 3–3,5 Stunden garen. Vor dem Servieren umrühren und mit den restlichen Fenchelblüten bestreuen. Dieses Gericht paßt z. B. zu Schweine-kotelettes oder Makerelen mit Folien-kartoffeln.

NUDELSALAT MIT SONNENBLUMENKERNEN UND BLÜTENBLÄTTERN

Für 6 Personen
350 g Rigatoni
1 EL Olivenöl
1 Knoblauchzehe, gepreßt
2 El Sonnenblumenblütenblätter
1 EL Haselnüsse, gehackt
1 EL Sonnenblumenkerne
1 gestrichener EL Schnittlauch, gehackt
1 EL Mayonnaise
Blütenblätter zum Garnieren

Einen großen Topf Wasser zum Kochen bringen, die Rigatoni 8–10 Minuten „al dente" kochen und das Kochwasser abgießen. Öl in einer großen Pfanne erhitzen, Knoblauch anbraten, Rigatoni zugeben, gut durchrühren, vom Herd nehmen und in eine Servierschüssel geben. Abkühlen lassen und kalt stellen. Vor dem Anrichten Blütenblätter, Haselnüsse, Sonnenblumenkerne und Schnittlauch unterheben, Mayonnaise einrühren. Mit Blüten garniert servieren.

SONNENBLUMENKNOSPEN

Dieses Rezept kann auch kalt serviert werden. Verwenden Sie dafür Knospen ohne Butter in einer Vinaigrette.

Für 4 Personen
8 Sonnenblumenknospen
30 g Butter, geschmolzen
Blütenblätter zum Garnieren

Knospen 2 Minuten in Wasser blanchieren, dadurch werden Insekten getötet, und den Knospen wird die Bitterkeit genommen. Abgießen und im Sieb auffangen. Knospen weitere 3 Minuten in Wasser köcheln. Abgießen und in geschmolzener Butter schwenken. Mit Blütenblättern garniert servieren.

Hemerocallis
TAGLILIE
❖

Mehrjährig, 30–90 cm hoch. Blüten in vielen unterschiedlichen Farben und Größen, von zartem Gelb bis zu tiefem Rot. Blütezeit je nach Sorte von Frühling bis Herbst. Alle Sorten sind winterhart.

Die Taglilie stammt aus Ostasien. Ihr Name bezieht sich auf die Besonderheit, daß jede Blüte nur einen Tag lang blüht. Taglilien findet man in vielen chinesischen Rezepten, in Suppen und scharfen, würzigen Gerichten. Die Geschichte zeigt, daß sie von den Chinesen seit jeher gegessen wurde. Es werden sowohl die Blütenblätter, die goldene Nadeln genannt werden, als auch die Knospen gegessen. Beide schmecken frisch und knackig.

ANBAU

DURCH AUSSAAT

Viele Sorten sind steril. Sie keimen meist gar nicht. Wenn sie keimen, dann weichen die Sämlinge oft von der Mutterpflanze ab. Der Vorteil: Sie können Ihre eigene Sorte ziehen! Im Herbst in Saatschalen oder Torftöpfe säen. Sämlinge im Frühjahr umtopfen und ins Freie setzen, wenn die Erde warm wird und kein Frost mehr droht.

DURCH TEILUNG

Teilung im Herbst oder Frühjahr. Ausgewachsene Pflanzen alle 3 bis 4 Jahre teilen.

STANDORT

IM GARTEN

Pralle Sonne und feuchter, gedüngter Boden sind ideal. Schön in Einfassungen und im Gras (wo es feucht ist). Manche Sorten brauchen 2 Jahre bis zur ersten Blüte. Im Frühjahr sollten Sie gut verrotteten Dünger einarbeiten.

IN KÜBELN

Taglilien können im Topf gezogen werden. Er sollte aber groß genug sein, ihren großen Wurzelballen aufzunehmen, d.h. mindestens einen Durchmesser von 30 cm haben. Wählen Sie ein Erd-Kompost-Gemisch, das die Feuchtigkeit gut speichert. So in einen Topf pflanzen, daß sich die Pflanzenkrone, wo sich Wurzeln und Blätter treffen, gerade unter der Erde befindet. Zu tief und die Pflanze verrottet, zu hoch und die Pflanze welkt!

ERNTE

Taglilien öffnen sich in heißem Wasser. Man kann sie als Knospe pflücken und in den Kühlschrank legen. Am nächsten Tag in heißes Wasser legen und sie öffnen sich. Knospen und Blüten können auch eingefroren werden (siehe S. 144).

KULINARISCHES

Taglilien passen gut zu Salaten, heißen und kalten Suppen. Sie können Sie auch als eigenständiges Gemüsegericht oder gehackt zu Kurzgebratenem verwenden. Taglilien sind äußerst vielseitig. Das folgende Rezept habe ich in einem chinesischen Kochbuch entdeckt und nach eigenem Geschmack etwas abgewandelt.

TIP

Wenn sich im Frühling die jungen Blätter zeigen, sollten Sie auf Nacktschnecken achten!

GESCHMORTES HÜHNCHEN MIT TAGLILIENKNOSPEN UND INGWER

Für 4–6 Personen
*1 kg bratfertiges Hühnchen
(Fleisch von den Knochen lösen)
15 frische oder gefrorene
Taglilienknospen
1 Stück frischen Ingwer, etwa 4 cm*

2 EL Oliven- oder Erdnußöl
1 Knoblauchzehe, gepreßt
100 ml trockenen Sherry oder
Weißwein
1 EL Honig
50 ml helle Sojasauce

Hühnerfleisch in schmale, mundgerechte Stücke schneiden. Lilienstengel entfernen und 12 Lilien halbieren oder dritteln. Ingwer schälen und grob raspeln. Das Öl in einer tiefen Bratpfanne erhitzen, Ingwer und Knoblauch bei geringer Hitze leicht anbräunen. Hühnerfleisch zugeben, auf mittlere Hitze anbraten und umrühren, bis es Farbe annimmt. Knospen, Sherry oder Wein, Honig und Sojasauce zugeben. Zudecken und 25 Minuten bei geringer Hitze schmoren. Falls die Sauce zu stark reduziert ist, gegen Ende der Garzeit etwas heißes Wasser zugeben. Mit Reis und grünem Salat servieren und mit den restlichen Blüten garnieren.

KARTOFFELSUPPE MIT TAGLILIENBLÜTEN

Für 4 Personen
2 Stangen Lauch
4 Taglilienknospen
40 g Butter
500 g Kartoffeln
1 l Hühnerbrühe
Salz und Pfeffer,
frisch gemahlen
150 ml saure Sahne
½ TL Muskat, gerieben

Lauch in Ringe schneiden und gründlich waschen. Mit der Küchenmaschine ein paar Sekunden zerkleinern. Lilienknospen in dünne Streifen schneiden, davon 12 zum Garnieren beiseite legen. Butter in einer großen Pfanne schmelzen und den Lauch bei geringer Hitze weichdünsten. Kartoffeln schälen und grob zerkleinern. Mit der Küchenmaschine fein hacken. Zum Lauch geben und ein paar Minuten bei geringer Hitze anbraten. Mit Hühnerbrühe aufgießen und unter ständigem Rühren zum Kochen bringen. 18 Minuten leicht köcheln, Lilienstreifen zugeben und eine weitere Minute kochen. Alles durch ein Sieb gießen und die Brühe beiseite stellen. Das Gemüse in der Küchenmaschine pürieren und wieder zur Brühe geben. Sahne und Muskat hinzufügen, abschmecken und erhitzen, aber nicht mehr kochen. Mit Sahne und Blüten garniert servieren.

Hesperis matronalis
NACHTVIOLE

❖

Winterhart, zweijährig, 60–90 cm hoch. Süß duftende, violette, weiße oder rosafarbene Blütenstände im zweiten Sommer. Grüne, lanzettliche Blätter.

Diese abends himmlisch duftenden Blüten schmecken aromatisch und veilchenartig. Sie machen sich in grünem Salat, aber auch auf verschiedenen Desserts sehr gut.

ANBAU
DURCH AUSSAAT
Samen im Herbst in Saatschalen oder Torftöpfe säen. Junge Pflänzchen im kühlen Gewächshaus überwintern. Durch frühe Aussaat fangen sie schon früh zu blühen an.

STANDORT
IM GARTEN
Die Nachtviole gedeiht in fruchtbarem, gut dräniertem Boden in praller Sonne oder im Halbschatten; am besten als Mittelpunkt oder im hinteren Teil einer Rabatte. Im späten Frühjahr direkt in den Garten säen. Nach dem Keimen auf 30 cm, wenn die Pflanze ausgewachsen ist, auf 45 cm auslichten.

IN KÜBELN
Bei Topf- und Standortwahl sollten Sie berücksichtigen, daß die Nachtviole sehr hoch wird. Wählen Sie einen Platz, an dem Sie von den nachtduftenden Blüten profitieren können. Nachtviolen benötigen Windschutz.

ERNTE
Blüten oder ganze Blütenstände ernten, sobald sie sich öffnen. Nacht-

violen können in Butter, Zucker, Sirup oder Essig (siehe S. 138–142) konserviert werden. Die ganze Blüte ist genießbar, nicht jedoch der Stengel und die grünen Teile. Die Blüte ist ideal zum Kandieren (siehe S. 142)!

TIP
Junge Blätter sind ein guter Ersatz für Rucola, doch sie sind intensiver im Geschmack. Daher sollten Sie sie sparsam verwenden!

KIRSCHEN-NACHTVIOLEN-SALAT

Für 4 Personen
500 g frische, entkernte Kirschen
2 Salatherzen
6 junge Nachtviolenblätter
4 EL weiße Nachtviolenblüten
(grüne Teile entfernen)

Salatdressing
1 Ei
60 g Kristallzucker
Blüten- oder Estragonessig
Salz und Pfeffer, frisch gemahlen
150 ml Schlagsahne,
leicht geschlagen

Bereiten Sie zuerst das Dressing zu: Ei in einer Schüssel leicht schlagen. Zucker zugeben und gründlich durchrühren. Nun unter ständigem Rühren tropfenweise Essig zugeben. Wenn Sie eine Küchenmaschine verwenden, sollten Sie den Essig langsam hinzugeben, damit die Sauce nicht gerinnt. Diese Mischung in einer

kleinen, hitzebeständigen Schüssel
im Wasserbad bei leicht siedendem
Wasser rühren, bis sie eindickt. Die
Schüssel aus dem Wasserbad nehmen
und weiterrühren, bis sie cremig und
etwas fest ist.

Das Dressing abkühlen lassen und
abschmecken. Die Mischung kann
dicht verschlossen 2 bis 3 Wochen
lang aufbewahrt werden.

Vor dem Servieren die Sahne zum
Dressing geben, Kirschen unterheben.
Salat zerkleinern und auf einen
Servierteller legen. Dann mit Nacht-
violenblättern bestreuen. Zum Schluß
das Dressing und die Kirschen darauf
verteilen, mit Nachtviolenblüten
garnieren und servieren.

JOGHURTEIS AUS HIMBEEREN, ROTEN UND SCHWARZEN JOHANNISBEEREN UND NACHTVIOLENBLÜTEN

Für 4–6 Personen
400 g gemischte Beeren
(Himbeeren, rote und
schwarze Johannisbeeren)
100 ml Wasser
50–100 g Kristallzucker
2 Eier
150 ml Joghurt
10 Blüten
(grüne Teile entfernen)
für das Eis
3 rosafarbene
und 3 violette Blüten
(grüne Teile entfernen),
zum Garnieren

Die Beeren mit etwas Wasser und
beliebig viel Zucker weichkochen und
durch ein Sieb streichen. Die Eier
trennen und das Eigelb in einer Schüssel schaumig rühren. Das Beerenpüree
in einem Topf zum Kochen bringen.
Unter ständigem Rühren langsam das
Eigelb zugeben. Weiterrühren, bis die
Mischung locker und glatt ist. Unter
weiterem Rühren Joghurt zugeben.

In ein Gefäß füllen und etwa 1
Stunde tiefkühlen, bis die Mischung

durchgefroren ist. Anschließend die
halbfeste Masse aus dem Gefrierfach nehmen und cremig rühren.
Danach das geschlagene Eiweiß und
die 10 Blüten unterheben und im
Tiefkühlfach gefrieren, bis die Mischung ganz fest ist.

Etwa 10 Minuten vor dem Servieren das Joghurteis herausnehmen,
auf Schüsselchen verteilen und mit
den restlichen Nachtviolenblüten
garnieren.

Hyssopus officinalis
YSOP

❖

Mehrjähriger Halbstrauch, 30-80 cm hoch. Blaue, duftende Blüten von Sommer
bis Frühherbst. Kleine, lanzettliche, aromatische Blätter.

Kleine, liebliche Blüten zieren dieses nur selten verwendete Küchenkraut,
das sich gut zum Garnieren von Gerichten eignet. Die rosa- und weißblü-
henden Arten sind ebenfalls eßbar. Sie sehen gemeinsam mit den blauen
Blüten hinreißend aus. Ihr scharfer, würziger, thymianartiger Geschmack
ist sehr intensiv, deshalb sollten Sie sie nur sparsam verwenden!

ANBAU

DURCH AUSSAAT
Zu Frühlingsbeginn in Saatschalen
oder Torftöpfe säen. 15–21 °C
Bodenwärme fördert das Keimen.
Wenn die Sämlinge groß genug sind,
nach den Frösten in Töpfe oder
in den Garten setzen.

DURCH STECKLINGE
Im späten Frühjahr und im Frühsommer von den nichtblühenden
Stämmen Weichholzstecklinge abnehmen.

STANDORT

IM GARTEN
Ysop ist eine mediterrane Pflanze, die
durchlässige Erde in sonniger Lage
bevorzugt. In einem Abstand von
30 cm auspflanzen. Im Frühherbst
nach der Blüte auf etwa 20 cm Höhe
zurückschneiden, damit die Pflanze
nicht zu sehr verholzt.

IN KÜBELN
Ysop sieht auch in Töpfen hübsch aus.
Stellen Sie diese in die pralle Sonne,

und schützen Sie sie vor kaltem Wind
und starkem Frost.

ERNTE
Pflücken Sie die Blüten, sobald sie
sich geöffnet haben. Sie wachsen in
langen Scheinähren, und jede Blüte
muß vom Stiel gezupft werden. Alle
grünen Teile vor dem Verzehr entfernen! Konservieren Sie die Blüten in Öl, Butter oder Essig (siehe
S. 138–142), und denken Sie daran,
sie sparsam zu verwenden.

KULINARISCHES
Die ganze Blüte ist eßbar und harmoniert mit würzigen, deftigen und
scharfen Gerichten. Ysopblütenöl
eignet sich gut für Salatdressing
und zum Anbraten von Zwiebeln
oder Fleisch.

TIP
Ysop ist im Gemüsegarten nützlich,
denn er lockt die Weiße Fliege an,
und erhöht den Ertrag von Wein-
stöcken.

HÜHNERBRÜSTCHEN
MIT YSOPBLÜTEN

Für 4 Personen
2 EL Dijon-Senf
2 EL Joghurt
4 Hühnerbrüstchen
Salz und Pfeffer, frisch gemahlen
Ysopblütenöl oder Olivenöl
4 EL Ysopblüten zum Kochen
2 gestrichene EL Ysopblüten
zum Garnieren
Saft einer Zitrone
Backofen auf 190 °C
(Gas: Stufe 5) vorheizen

Senf und Joghurt verrühren und das
Huhn damit bedecken. Salzen und

pfeffern. 4 Alufolienstücke mit Öl
bestreichen und je eine Hühnerbrust
darauflegen. Eine dicke Schicht
Blüten darüberstreuen, mit etwas
Zitronensaft beträufeln und ein-
packen. Folie an den Enden fest
einrollen, damit kein Saft ausläuft.
Die Päckchen auf den Rost legen,
ein Blech darunterschieben und
30 Minuten braten. Dann aus
der Folie nehmen und mit Blüten
bestreut anrichten. Dazu passen
Reis oder Nudeln und ein grüner
Salat mit Kräutern.

SALAT MIT GRÜNEN BOHNEN, OLIVEN UND YSOPBLÜTEN

Für 4 Personen
450g grüne Bohnen
15 schwarze Oliven,
entkernt
1 EL Ysopblätter, geschnitten
2 EL weiße und blaue Ysopblüten
(grüne Teile entfernen)

Salatdressing
3 EL Olivenöl
1 EL Ysopessig
1 Knoblauchzehe, gepreßt
Salz und Pfeffer, frisch gemahlen

Grüne Bohnen 5–7 Minuten kochen,
damit sie knackig bleiben. Abgießen
und mit kaltem Wasser abschrecken.
In eine Schüssel geben, zudecken
und kalt stellen. Vor dem Servieren
Oliven, Ysopblätter und Blüten vermischen. Für das Dressing alle Zutaten
gründlich verrühren, über den Salat
gießen, unterheben und zum Schluß
mit ein paar Ysopzweigen garnieren.

73

Lavandula angustifolia
LAVENDEL
❖

Mehrjährig, 30–90 cm hoch. Aromatisch duftende, hellblaue bis dunkelblaue, rosafarbene oder weiße Blütenähren den ganzen Sommer lang. Nadelförmige, silbrige, graugrüne, aromatische Blätter.

Gibt es etwas Romantischeres als den Duft von Lavendel an einem warmen Sommertag? Seine Blüten sind äußerst vielseitig: Sie schrecken Motten ab, wenn man sie in den Schrank legt. Sie können auch ein herrlich entspannendes Badeöl aus ihnen bereiten. Sie schmecken hervorragend, ihr feines Aroma harmoniert gut mit Hühnchen und Desserts. Halten Sie nach den zarten Sorten *L. canariensis*, *L. candicans*, *L. pinnata*, *L. dentata* und *L. viridis*, ein grünblühender Lavendel, Ausschau. Sie alle blühen länger, riechen und schmecken eukalyptusartig.

ANBAU

DURCH AUSSAAT

Lavendel kann zwar aus Samen gezogen werden, doch es ist günstiger, aus Namenssorten Stecklinge zu ziehen. Samen im Herbst frisch in Saatschalen oder Torftöpfe säen und für eine Bodenwärme von 4–10 °C sorgen.

DURCH STECKLINGE

Schneiden Sie Weichholzstecklinge von nichtblühenden Stielen im Frühjahr, halbharte Stecklinge im Frühherbst ab.

STANDORT

IM GARTEN

Alle Arten brauchen einen offenen, sonnigen Platz mit gut dränierter, fruchtbarer Erde. Zur Formerhaltung im Frühjahr immer leicht stutzen, nach der Blüte im Frühherbst stärker zurückschneiden. Nicht in altes Holz schneiden und nicht schneiden, wenn Frost droht.

IN KÜBELN

Wenn bei Ihnen der Winter lang und kalt ist, ist dies die ideale Methode, Lavendel zu ziehen. Wählen Sie gut dränierten Kompost und einen sonnigen Platz. Während der Blüte Flüssigdünger zuführen, im Winter fast austrocknen lassen.

KULINARISCHES

Die Blüten müssen von den Ähren gezupft, alle grünen oder braunen Teile entfernt werden. Versuchen Sie, einige Ihrer Rezepte mit Lavendelzucker (siehe S. 138) zuzubereiten. Schaumgebäck und Plätzchen werden so zu Leckerbissen. Das gleiche gilt für gegrilltes, mit Lavendelöl bestrichenes Hühnchen.

TIP

Geben Sie 6 Tropfen Lavendelöl ins heiße Badewasser – das entspannt herrlich nach einem langen Tag.

ERNTE

Blüten gleich nach dem Öffnen pflücken und frisch oder in Öl, Zucker oder Gelee konserviert verwenden (siehe S. 138–142).

GEBRATENE ENTE MIT LAVENDELFÜLLUNG

Für 6 Personen

*1 EL Lavendelblätter (grünen
Lavendel oder Angustifolia), gehackt
1 gestrichener EL Blüten (violett oder
grün), von den Ähren gezupft
50 g Butter
Saft und abgeriebene Schale
einer halben Zitrone (unbehandelt)
Salz und Pfeffer, frisch gemahlen
1,5 kg Ente
150 ml Brühe
Backofen auf 200 °C
(Gas: Stufe 6) vorheizen*

Die Hälfte der Lavendelbätter und
Blüten mit 25 g Butter und der
Zitronenschale vermengen. Mit Salz
und Pfeffer abschmecken.

Die Ente damit füllen und mit der
restlichen Butter bestreichen. Dann
die Ente in den Bräter geben, die
Hälfte der Brühe zugießen und im vor-
geheizten Ofen braten. Pro 500 g
rechnet man ca. 15 Minuten, plus
weitere 15 Minuten. Häufig
übergießen.

Wenn die Ente gar ist, aus dem
Bräter nehmen und überschüssiges
Fett entfernen, so daß nur der Bo-
densatz übrigbleibt. Die restliche
Brühe, Zitronensaft und Lavendelblätter zugeben, zu einer dicken
Sauce einkochen lassen und abschmecken. Nun die Sauce durch
ein Sieb gießen und über die Ente
träufeln. Anschließend mit Lavendelblüten und Lavendelzweigen
garnieren.

HOLZAPFELGELEE MIT LAVENDEL-BLÜTEN

Ergibt 4 Gläser à 450 g
*1,75 kg Holzäpfel
1,5 kg Zucker (ggf. Lavendelzucker,
siehe S. 138)
8 EL Lavendelblüten
1 EL Lavendelblüten
für das Gelee*

Holzäpfel waschen und in Würfel
schneiden, in einen Topf legen und
knapp mit Wasser bedecken. Zum
Kochen bringen und 20 bis 30 Minuten
dünsten. Vorsichtig in ein Musselin-
oder Geleesäckchen gießen und über
Nacht in eine große Schüssel filtern.
Saft abmessen und 450 g Zucker auf
600 ml Saft beigeben. In einen Topf
füllen, aufkochen lassen und die in
Musselin gewickelten Lavendelblüten
zugeben. Nun etwa 20 Minuten kochen, bis die Flüssigkeit stockt. Lavendelblüten und Schaum entfernen,
dann die frischen Lavendelblüten
zugeben. Einrühren und in warme,
sterilisierte Gläser füllen, sofort
verschließen.

77

Lonicera caprifolium
JELÄNGERJELIEBER

❖

Mehrjährige, laubabwerfende Kletterpflanze, bis zu 6 m hoch. Die Knospen der stark duftenden Blüten sind nach dem Öffnen zunächst rosafarben, werden dann weiß, hellgelb oder zartrosa.

Dies ist für mich eine sehr nostalgische Pflanze. Als Kind zupfte ich die Blüten ab und saugte den herrlich süßen Nektar heraus. Schon im 16. Jahrhundert schrieb John Gerard in seiner Kräuterfibel: „Die in Öl getauchten, in die Sonne gestellten Blüten ergeben eine gute Salbe für den Körper, wenn dieser vor Kälte erstarrt ist." Mit anderen Worten, sie sind gut für den Kreislauf. *Lonicera periclymenum*, das verwandte Waldgeißblatt, hat gelbe Blüten, die ebenso duften, eßbar sind und genauso verwendet werden.

ANBAU

DURCH AUSSAAT
Im Herbst oberflächlich in Saatschalen oder Torftöpfe säen. Mit Glas oder Plastik abdecken und draußen überwintern. Die Keimung kann bis zu einem halben Jahr dauern!

DURCH STECKLINGE
Im Sommer Stecklinge von den nichtblühenden Trieben abnehmen und in ein Rinden-Kies-Torf-Kompost-Gemisch setzen. Hartholzstecklinge im Spätherbst abnehmen. Im kühlen Gewächshaus überwintern.

STANDORT

IM GARTEN
Diese anspruchslose Pflanze im Herbst oder Frühjahr in fruchtbare, gut dränierte Erde in sonniger oder halbschattiger Lage pflanzen. Zu Frühlingsbeginn stutzen, nach der Blüte die blühenden Triebe oder Ranken ausschneiden.

IN KÜBELN
Sie kann im Topf oder als Hochstämmchen gezogen werden. Wählen Sie ein Rinden-Torf-Kompost-Gemisch. Im Sommer regelmäßig, im Winter mäßig gießen.

ERNTE
Blüten schmecken am besten, wenn sie ganz blaß sind und bevor der Nektar gesammelt wird. Sie können getrocknet werden und sollten für diesen Fall gleich nach dem Öffnen gepflückt werden (siehe S. 146).

KULINARISCHES
Die süßen, sehr intensiv duftenden Blüten sind köstlich in Fruchtsalaten, vor allem mit Birnen, Äpfeln und Trauben. Auch in Sirup schmecken sie köstlich (siehe S. 141), den man z. B. über süße Pfannkuchen gießen kann. Der Blütenzucker (siehe S. 138) eignet sich gut zum Kuchenbacken.

KAROTTENSALAT MIT JELÄNGERJELIEBER

Für 4 Personen
250 g Karotten
1 Prise Zucker und Salz
6 Jelängerjelieber-Blüten
(grüne Teile entfernen)

Salatdressing
4 EL Olivenöl
1 EL Thymianessig
¼ TL Dijon-Senf
1 kleine Knoblauchzehe, gepreßt
Salz und Pfeffer, frisch gemahlen

Zutaten für das Dressing gut verrühren. Karotten fein reiben, mit Zucker und Salz in einen Topf geben und knapp mit Wasser bedecken. 5 Minuten ohne Deckel kochen. Kochwasser abgießen und in eine Schüssel füllen. Dressing zugeben und abschmecken. Zum Ziehen einige Stunden kalt stellen. Vor dem Servieren mit Blüten garnieren.

JELÄNGERJELIEBER-PLÄTZCHEN

18 Plätzchen
100 g weiche Margarine
100 g Jelängerjelieber-Zucker
2 mittelgroße Eier
100 g mit Backpulver vermischtes Mehl
1 TL Backpulver
Glasur
220 g Puderzucker
2–4 EL heißes Wasser

90 Jelängerjelieber-Blüten
(5 pro Plätzchen)
Backofen auf 160 °C
(Gas: Stufe 3) vorheizen

Margarine, Zucker, Eier, gesiebtes Mehl und Backpulver in eine Schüssel geben. Mit Kochlöffel oder Mixer glattrühren. In 18 Papierförmchen oder Pastetenformen füllen. Im Ofen 15 bis 20 Minuten backen, bis die Plätzchen aufgehen und sich fest anfüh-

len. Die Plätzchen zum Abkühlen auf einen Rost legen.

Puderzucker in eine Schüssel sieben. Nach und nach unter Rühren Wasser zugießen, so daß eine glatte Glasur entsteht, die dick genug ist, um den Löffelrücken zu überziehen. Falls nötig, Wasser bzw. Zucker zugeben. Sofort ein wenig Glasur auf die abgekühlten Plätzchen verteilen und mit je 5 Blüten bestreuen. Die Blüten haften an der noch feuchten Glasur.

Mentha
MINZE
❖

Mehrjährig, 15–60 cm hoch. Winzige, rosarote, violette und weiße in langen
Ähren stehende Blüten im Sommer. Blätter duften nach Minze.

Alle Minzeblüten haben ein liebliches, frisches Aroma. *Mentha spicata*, die
Grüne Minze, schmeckt intensiv minzig, *M. piperita*, die Pfefferminze,
schmeckt fruchtig, und *M. gracilis*, die Ingwerminze, hat ein duftendes
Aroma. Andere Arten mit Minzaroma sind: *M. spicata* ‚Moroccan‘, die
Marokkanische Minze und *M. spicata* ‚Crispa Tashkent‘, die Taschkent-
Minze. Alle sind ideal für Salate, würzige Gerichte und Desserts.

ANBAU
DURCH AUSSAAT
Minze kann aus Samen gezogen
werden, doch diese Pflanzen sind
schlechter, als die durch Teilung und
Stecklinge entstandenen Pflanzen.

DURCH TEILUNG
Ausgewachsene Pflanzen alle paar
Jahre teilen. Keine Wurzeln zurück-
lassen, wenn Sie die Minze an einen
anderen Platz im Garten setzen, denn
sie breiten sich leicht aus.

DURCH STECKLINGE
Für Wurzelstecklinge etwas Wurzel
ausgraben, schneiden, wo Wachs-
tumsknoten sichtbar sind und die
Stecklinge in Saatschalen oder Torftöpfe setzen. Gut eingießen und an
einen warmen Ort stellen. Tun Sie dies
im Frühjahr, zeigen sich bereits nach
2 Wochen junge Triebe.

STANDORT
IM GARTEN
Pflanzen Sie Minze mit Bedacht, denn

ihre Wurzelausläufer verbreiten
sich sehr schnell. Sie bevorzugt gute
Erde und einen sonnigen oder
halbschattigen Standort, wächst aber
fast überall. Ist die Erde jedoch zu
feucht, kann die Pflanze eingehen.

IN KÜBELN
Minze gedeiht sehr gut in Töpfen,
solange diese groß genug sind und
der Kompost nicht austrocknet.
In den Halbschatten stellen und
jedes Jahr umtopfen.

ERNTE
Blüht den ganzen Sommer, manche
Sorten bis in den Frühherbst. Die
Blüten sollten am selben Tag verwendet werden, an dem man sie
pflückt. Im Kühlschrank oder tief-
gefroren werden sie geschmacklos.
Sie können in Butter, Öl oder Essig
(siehe S. 138–142) konserviert werden.

KULINARISCHES
Die winzigen Minzeblüten schmecken
intensiv. Sie passen besonders gut zu
grünem Salat, Fruchtsalaten, frischen
Erdbeeren und zu meinen Lieblings-
gerichten, Schokoladenmousse (siehe
S. 81), Schokoladenkuchen und
Schokoladencreme.

TIP
Pflanzen Sie verschiedene Minzesorten
nicht zusammen an. Sie verlieren mit
der Zeit ihren individuellen Duft und
riechen dann alle gleich.

TZAZIKI MIT INGWERMINZE

½ Salatgurke, geschält und grob
gewürfelt
150g Joghurt
1 Knoblauchzehe, gepreßt
1 EL Ingwerminzblüten (von den
Ähren zupfen, grüne Teile entfernen)
1 EL Ingwerminzblätter, gehackt
Salz und Pfeffer, frisch gemahlen
4 ganze Ingwerminzblüten zum
Garnieren und
4 ganze Ingwerminzblätter

Gurke in ein Sieb legen, salzen und 30 Minuten stehen lassen, damit der Saft entzogen wird. Unter kaltem, fließendem Wasser abspülen, durch ein Sieb gießen und auf ein Küchentuch zum Trocknen legen. Nun die Gurkenwürfel in eine Schüssel geben, mit Joghurt übergießen, Knoblauch, Blüten und Blätter zugeben und gut verrühren. Mit Salz und Pfeffer abschmecken. Zudecken und kalt stellen. Vor dem Servieren mit den restlichen Minzeblüten und -blättern bestreuen.

MOUSSE AU CHOCOLAT MIT MINZE

Für 4 Personen
100g Bitterschokolade
2 Eier, getrennt
1 TL löslichen Kaffee
1 TL frisch gehackte Minze,
(Grüne, Marokkanische, oder
Taschkent-Minze)
Schlagsahne, Minzeblüten und
Minzeblätter zum Garnieren

Schokolade in der Mikrowelle oder im Wasserbad schmelzen. Sobald sie glatt und flüssig ist, vom Herd nehmen. Eigelb schlagen und zur noch heißen Schokolade geben (so wird das Eigelb leicht gekocht), Kaffee und gehackte Minze einrühren. 15 Minuten abkühlen lassen. Eiweiß nicht zu steif schlagen und mit einem Metall-Löffel unterheben. Mousse in Gläser füllen, mit Schlagsahne, Blüten und Blättern garnieren.

81

Monarda didyma
MONARDE, INDIANERNESSEL
❖

Mehrjährig, 45 cm hoch. Prachtvolle rote, weiße oder violette Blüten den ganzen Sommer lang. Aromatische Blätter.

Die flammend rote Blüte der Monarde ist ein schöner Blickfang im Kräutergarten oder in Rabatten. Sie hat einen außergewöhnlichen, würzigen Geruch, der ihren kräftigen Geschmack – eine Kombination aus würzigem Thymian und Minze – leicht vergessen läßt. Verwenden Sie die Blütenblätter sparsam in Salaten, Gemüse-, Nudelgerichten und zu deftigem Fisch. Es gibt viele interessante Kultursorten und Varietäten: *Monarda* ‚Croftway Pink‘, mit herrlich rosaroter Blüte, und *M. fistulosa*, die Wilde Monarde, mit zartlila Blüten hat das intensivste Aroma.

ANBAU
DURCH AUSSAAT
Nur Arten können aus Samen gezogen werden. Im Frühling geschützt in Saatschalen oder Torftöpfe säen. Eine Keimtemperatur von 21 °C ist erforderlich. Ins Freie pflanzen, sobald sich die Erde erwärmt und kein Frost mehr droht.

DURCH STECKLINGE
Dies ist die beste Methode, Kultursorten zu vermehren und sollte im Frühsommer durchgeführt werden, wenn die Triebe 7,5–10 cm lang sind.

DURCH TEILUNG
Ausgewachsene Pflanzen, die etwa 3 Jahre alt sind, zu Frühlingsbeginn teilen. An einen reichlich mit organischem Material angereicherten Standort setzen. Sie sollten einen Abstand von 45 cm zu anderen Pflanzen einhalten.

STANDORT
IM GARTEN
Alle Arten lieben feuchte, nährstoffreiche Böden und einen Standort im Halbschatten. Laubwaldboden ist ideal, lehmigen Boden mögen sie nicht. Im Herbst sollte man die Pflanzen bis zum Boden zurückschneiden und die Erde reichlich mit Dünger oder Kompost versetzen.

IN KÜBELN
Trotz der Höhe dieser Pflanze kann sie in großen Kübeln (35–45 cm Durchmesser) sehr dekorativ aussehen. Kübel in den Halbschatten stellen und die Erde nicht ganz austrocknen lassen.

ERNTE
Blüten ernten, sobald sie sich öffnen. Sie können frisch oder getrocknet verwendet werden. Selbst getrocknet sind sie wunderschön und behalten ihre Farbe (siehe S. 146). In luft-dichten, dunklen Gefäßen aufbewahrte Blüten halten sich etwa 3 Monate. Man kann sie auch in Öl oder Essig konservieren (siehe S. 142).

KULINARISCHES
Die Monarde kann ein sehr starkes Aroma haben, besonders *Monarda fistulosa*, die Wilde Monarde. Sie sollten sparsam damit umgehen! Der deftige Geschmack der Monarde harmoniert mit Schweinefleisch, Fisch und Hühnchen. Das folgende Rezept können Sie für jeden schmackhaften, weißen Fisch verwenden.

TIP
Der häufigste Schädling ist die Nacktschnecke. Achten Sie vor allem im Frühjahr darauf!

KABELJAUFILETS MIT MONARDE

Für 4 Perseonen
4 Kabeljaufilets (oder Heilbutt)
50 g Butter
1 EL Olivenöl
1 EL Monardenblätter, gehackt
1 EL Monardenblüten für die Sauce
und einige zum Garnieren
(von den Quirlen gezupft und
ohne grüne Teile)
1 gestrichener EL glattes Mehl
150 ml Weißwein

Kabeljaufilets abspülen und trokkentupfen. Butter und Olivenöl in einer großen Bratpfanne schmelzen. Filets, Blätter und Blüten einlegen. Auf jeder Seite 5 Minuten bei geringer Hitze braten, bis sie Farbe annehmen. Filets aus der Pfanne nehmen und warm stellen. Den Fond mit Mehl bestäuben, 1 Minute kräftig rühren, Weißwein zugießen und unter ständigem Rühren zum Kochen bringen. Nach 2 Minuten die Sauce über den Fisch träufeln und mit Blüten garnieren.

SALAT AUS MONARDE UND BULGUR

Für 4–6 Personen
100 g Bulgur (geschroteter Weizen)
2 Bund Frühlingszwiebeln, gehackt
230 g Tomaten, gehäutet und gehackt
1 TL Monardenblätter, gehackt
1 gestrichener EL Monardenblüten
(grüne Teile entfernen)
4 EL Olivenöl
3 EL Zitronensaft
Salz und Pfeffer,
frisch gemahlen
1 ganze Monardenblüte zum
Garnieren

Bulgur 30 Minuten in kaltem Wasser quellen lassen, Wasser abgießen und mit den Händen ausdrücken. Dann den Bulgur in eine Schüssel geben, Frühlingszwiebeln, Tomaten, Monardenblätter und -blüten zugeben und verrühren. Öl und Zitronensaft zugießen und unterheben. Mit Salz und Pfeffer abschmecken, mit der ganzen Monardenblüte garnieren. Dieses Gericht kann als Vorspeise oder als leichtes Hauptgericht, z.B. mit warmen Brötchen, gereicht werden.

Myrrhis odorata

SÜSSDOLDE

❖

Mehrjährig, 60–90 cm hoch. Süß duftende Blüten in Dolden von Frühling bis Frühsommer. Die Blätter riechen und schmecken nach Anis.

Die Süßdolde gilt schon lange als Zuckerkraut, denn ihre Blätter haben einen hohen Saccharingehalt. Sowohl Blüten als auch Blätter schmecken anisartig süß und passen gut zu Stachelbeeren, Pflaumen und Rhabarber. Auch ein guter Wein läßt sich aus ihnen bereiten.

ANBAU

DURCH AUSSAAT

Im Frühherbst, wenn die großen Samen reifen, einzeln in Saatschalen oder Torftöpfe säen. Die Saat braucht mehrere Monate bei kalter Wintertemperatur zum Keimen. Kompost im Winter nicht austrocknen lassen. Die Samen müssen Sie besonders vor Mäusen schützen.

DURCH TEILUNG

Ausgewachsene Wurzeln müssen im Herbst geteilt werden.

DURCH STECKLINGE

Im Frühling oder Herbst Wurzelstecklinge abnehmen.

STANDORT

IM GARTEN

Die Süßdolde ist in Europa beheimatet und kann bei bestimmten Bodenbedingungen, besonders in leichten, nährstoffarmen Böden, stark wuchern. Am besten in humusreiche Erde an einen leicht schattigen Platz setzen. Die Süßdolde gedeiht schlecht in feuchten Gegenden.

IN KÜBELN

Die Süßdolde hat lange Pfahlwurzeln, achten Sie daher auf einen ausreichend großen Topf. Im Halbschatten aufstellen und während der Blüte nicht austrocknen lassen.

ERNTE

Blüten jung und frisch pflücken und in Zucker, Sirup oder Gelee konservieren (siehe S. 138–141).

KULINARISCHES

Die kleine Blüte ist ganz genießbar. Zupfen Sie sie von der Dolde, und entfernen Sie alle grünen Teile. Der süße Anisgeschmack paßt besonders gut zu Obsttorten. Probieren Sie auch Apfelmus, Pflaumenpüree oder Rhabarberkuchen mit Süßdoldenblüten.

TIP

Eine der ersten Nektarpflanzen, die im Garten blühen. Besonders wertvoll für Bienen!

SÜSSDOLDEN MIT JOHANNISBEERSCHNEE

Für 4 Personen

150 ml Schlagsahne
2 Eiweiß
150 ml Joghurt
2 EL Kristallzucker
450 g rote Johannisbeeren
1 EL Süßdoldenblätter, fein gehackt
2 EL Süßdoldenblüten

Sahne steif schlagen. Eiweiß ebenfalls steif, aber nicht trocken schlagen. Joghurt glattrühren. Eischnee unter die Sahne heben, dann den Joghurt behutsam unterziehen. Zucker einrühren.

Johannisbeeren waschen und in einem Sieb auffangen, anschließend die Stiele entfernen. Johannisbeeren vorsichtig in die Mischung einarbeiten, Süßdoldenblätter und die Hälfte der Blüten zugeben. In Dessertschüsseln füllen und mit Blüten garnieren.

ERDBEEREN MIT SÜSSDOLDENBLÜTEN

Für 4 Personen

450 g frische Erdbeeen, gewaschen und ohne Blättchen
Kristallzucker nach Geschmack
1 EL Süßdoldenblüten

Erdbeeren in eine Servierschüssel füllen und je nach Geschmack zuckern. Mit Süßdoldenblüten bestreuen.

Bis zum Servieren kalt stellen.

Myrtus communis
BRAUTMYRTE
❖

Immergrüne Staude, 2–3 m hoch. Duftende weiße Blüten von Frühling bis Hochsommer. Dunkelgrüne, ovale, aromatische Blätter.

Diese schönen, duftenden Blüten, die traditionellerweise in den Brautkranz geflochten werden, schmecken würzig und harmonieren mit weißem Fleisch und deftigen Fischgerichten. Auch in Fruchtspeisen schmecken sie interessant. Die Blüten von *Myrtus communis* ‚Variegata‘, der mehrfarbigen Myrte, von *M. communis* ssp. *tarentina*, der Tarentinamyrte, und von *M. communis* Tarentina ‚Variegata‘, der mehrfarbigen Tarentinamyrte, sind eßbar und schmecken wie die Brautmyrte.

ANBAU
DURCH AUSSAAT
Die Myrte läßt sich nur in warmen Klimazonen erfolgreich aus Samen ziehen. Im Frühjahr in Saatschalen oder Torftöpfe säen und später umtopfen. Sie können die Samen auch, sobald es warm genug ist, ins Freie setzen. Während der ersten Winter schützen.

DURCH STECKLINGE
Im Frühling Weichholzstecklinge abnehmen. Nach der Wurzelbildung umtopfen und bei rauherem Klima erst 2 Jahre später ins Freie setzen.

STANDORT
IM GARTEN
Liebt fruchtbare, gut dränierte Böden und pralle Sonne. Braucht schon bei leichtem Frost Winterschutz. Falls die Temperaturen unter –2 °C fallen, ausgraben und im kühlen Gewächshaus überwintern. Im Frühjahr wieder ins Freie setzen.

IN KÜBELN
Bei rauherem Klima ist die Brautmyrte in Kübeln gut untergebracht und sieht zudem sehr dekorativ aus. Sonnigen Standort wählen. Im Sommer sollten Sie reichlich, im Winter mäßig gießen. Falls nötig, im kalten Gewächshaus überwintern.

ERNTE
Blüten pflücken, sobald sie sich öffnen. Frisch verwenden, Blütenblätter in Zucker konservieren oder ganze Blüten kandieren (siehe S. 138–142).

KULINARISCHES
Nur die Blütenblätter sind wirklich eßbar. Kandieren Sie dennoch ganze Blüten zum Garnieren von Desserts und Kuchen.

TIP
Die Brautmyrte ist ein traditionelles Symbol für Liebe und Treue. Aus diesem Grund sollte ein Myrtenzweiglein in keinem Brautstrauß fehlen!

MYRTENBLÜTEN MIT LENDENKOTELETTES

Für 8 Personen
20 g Butter
1 EL Sonnenblumenöl
1 große Zwiebel, in feinen Ringen
1 Knoblauchzehe, gepreßt
8 Lendenkotelettes, vom Schwein
30 g glattes Mehl
300 ml Weißwein
1 TL Myrtenblätter, fein gehackt
1 EL Myrtenblütenblätter
6 ganze Blüten zum Garnieren
Backofen auf 180 °C
(Gas: Stufe 4) vorheizen

Butter und Öl in einer großen
Bratpfanne erhitzen, Zwiebeln und
Knoblauch anschwitzen. Aus der
Pfanne nehmen und beiseite stellen.
Kotelettes in diesem Fett auf beiden
Seiten 4–5 Minuten leicht bräunen.
In eine hitzebeständige Form legen
und warm stellen. Den Fleischsaft
mit Mehl stäuben und dann bei
geringer Hitze 1 Minute lang kochen,
um die Sauce zu reduzieren. Wein
zugießen und unter ständigem Rühren
aufkochen. Myrtenblätter, Zwiebeln
und Knoblauch zugeben und weitere
2 Minuten köcheln lassen. Über die
Kotelettes gießen, zudecken und im
Backofen 25 Minuten garen. Anschließend herausnehmen und anrichten.
Überschüssiges Fett von der Sauce abschöpfen, diese gut durchrühren und
über die Kotelettes gießen. Mit Blütenblättern und ganzen Blüten garnieren. Dazu passen Kartoffelpüree
und frischer Brokkoli.

AVOCADO MIT BRAUTMYRTE

Für 4 Personen
2 reife Avocados
1 Kopf grüner Salat
2 Fleischtomaten
2 ganze Myrtenblüten
1 EL Myrtenblütenblätter

Salatdressing
3 EL Thymian- oder Olivenöl
1 EL Weißweinessig
½ TL Myrtenblätter, fein gehackt
Salz und Pfeffer

Avocados der Länge nach durchschneiden, schälen und entkernen.
Salatblätter auf 4 Teller verteilen
und je eine Avocadohälfte darauflegen. Tomaten häuten, in dünne
Scheiben schneiden, die halbiert
werden, und um die Avocados arran-
gieren. Für das Dressing Öl und Essig
mischen, ½ Teelöffel fein gehackte
Myrtenblätter zugeben und abschmekken. Ein wenig Dressing in die Avo-
cadomulden träufeln und je eine ganze
Blüte hineinlegen. Etwas Dressing auf
die Tomaten gießen und mit Blütenblättern bestreuen.

Nepeta cataria
KATZENMINZE
❖

Mehrjährig, 45 cm – 1 m hoch. Weiße oder rosarote Blüten von Frühsommer bis Frühherbst. Herzförmige, aromatische Blätter mit gezackten Rändern.

Katzenminze wird gern von Katzen gefressen, die sich richtiggehend an ihr berauschen. Das wird Ihnen jedoch nicht passieren, wenn Sie die Blüten essen. Sie haben einen intensiven, minzig-würzigen Geschmack und sollten sparsam verwendet werden. Sie passen gut zu Nudelgerichten, Reis und jeder Art von Gemüse. Die Blüten von *Nepeta* x *faassenii* und *Nepeta racemosa*, beide blaublühend, sowie *Nepeta cataria* ‚Citriodora‘, Zitronenkatzenminze, mit cremig-rosaroten Blüten, sind ebenfalls eßbar. Alle Blüten dieser Art schmecken ein wenig anders. Die Zitronenkatzenminze z.B. schmeckt nach Minze, Thymian und Zitrone und paßt ausgezeichnet zu Fischgerichten.

ANBAU
DURCH AUSSAAT
Im Frühjahr oder Spätsommer in Saatschalen oder Torftöpfe säen. Eine Bodenwärme von 15–21 °C fördert das Keimen.

DURCH TEILUNG
Im Frühherbst ausgewachsene Pflanzen teilen. Eine wahre Katzeninvasion aus der Nachbarschaft ist Ihnen gewiß! Der für Katzen unwiderstehliche Geruch der beschädigten Wurzeln der Katzenminze wird sie anlocken.

DURCH STECKLINGE
Schneiden Sie im späten Frühjahr oder im Frühsommer Weichholzstecklinge von den nichtblühenden Spitzen der neuen Triebe ab.

STANDORT
IM GARTEN
Alle *Nepeta*-Arten mögen gut dränierten Boden sowie pralle Sonne oder Halbschatten. Zuviel Feuchtigkeit im Winter lassen die Katzenminze faulen. Im Abstand von 50 cm zu anderen Pflanzen setzen.

IN KÜBELN
Besonders die blaublühenden Arten sehen in Terracottatöpfen entzückend aus. Nach der Blüte zurückschneiden. Töpfe in die Sonne oder in den Halbschatten stellen.

ERNTE
Die kleinen Blüten frisch verwenden oder in Öl bzw. Essig (siehe S. 142) konservieren. Auch in Gelee (siehe S. 141), das gut zu Fleischspeisen paßt, schmecken sie köstlich.

KULINARISCHES
Die ganze Blüte ist eßbar. Zur Vorbereitung der Blüten für Rezepte müssen alle grünen Teile entfernt werden, sonst wird der Geschmack beeinträchtigt. Blätter und Stengel schmecken intensiver.

TIP
Ihr Kätzchen wird sich freuen, wenn Sie getrocknete Blätter in eine Spielzeugmaus füllen!

PLÄTZCHEN MIT KATZENMINZEBLÜTEN

Der würzige Minzgeschmack dieser Plätzchen wird einen unerwarteten Gast mehr als überraschen.

Etwa 14 Plätzchen
100 g Butter
50 g Kristallzucker
175 g mit Backpulver vermischtes Mehl
1 Prise Salz
1 EL Katzenminzeblüten, in Einzelblüten unterteilt
Backofen auf 230 °C
(Gas: Stufe 7) vorheizen
Ausstechförmchen

Butter und Zucker schaumig rühren, Mehl und Salz einarbeiten. Zu einem Teig kneten und ausrollen. Blüten über den Teig streuen und leicht einkneten. Mit beliebigen Förmchen ausstechen. Dann auf ein gefettetes Backblech legen und 10–12 Minuten backen. Auf einem Rost abkühlen lassen.

KARTOFFELSALAT MIT ROSAROTEN UND BLAUEN KATZENMINZEBLÜTEN

Für 4 Personen
900 g Kartoffeln
300 ml Mayonnaise
2 EL gemischte Katzenminzeblüten, in Einzelblüten unterteilt

Kartoffeln schälen und in große Stücke teilen. In einen Topf mit kochendem Wasser geben und 10–15 Minuten kochen, so daß die Kartoffeln noch fest sind. Abgießen, abkühlen lassen und dann in kleine Würfel schneiden. Mayonnaise in eine Schüssel geben, einen Teelöffel Blüten einrühren und die Kartoffeln zugeben. Abdecken und mindestens 1 Stunde kalt stellen. Aus dem Kühlschrank nehmen und vor dem Anrichten mit Blüten bestreuen.

Ocimum basilicum
BASILIKUM
❖

Einjähriges Kraut, 23–45 cm hoch. Violette, rosafarbene und weiße Blüten im Sommer. Hocharomatische, grüne und rote Blätter.

Dieses Kraut erfreut sich zunehmender Beliebtheit. Es gibt viele Sorten, von *Ocimum basilicum* ‚Cinnamon‘, Zimtbasilikum, *O. basilicum* var. *Citriodorum*, Zitronenbasilikum, und *O. basilicum* ‚Napolitano‘, salatblättriges Basilikum, bis zu einem speziellen Speisebasilikum aus Thailand, *Ocimum* ‚Horapha‘, Horapha-Basilikum (Rau Que) und viele mehr. Zur Förderung des Blattwachstums Blüten abpflücken – sie schmecken so herrlich wie die Blätter. Wollen Sie ein Gericht mit einem Hauch von Zimt verfeinern, geben Sie einfach Zimtbasilikumblüten hinzu. Die Blüten schmecken zwar milder als die Blätter, aber sie verfeinern dennoch Tomaten, Reis, Nudelgerichte, Hühnchen, Fisch und Gemüse.

ERNTE

Wenn man die Blüten regelmäßig aberntet, um das Blattwachstum der Pflanzen anzuregen, kommen neue Blüten nach. Basilikumblüten lassen sich nicht gut einfrieren oder trocknen. Empfehlenswert sind Blütenöle und Essig (siehe S. 142), die in Salaten und in kurzgebratenen Gerichten vorzüglich schmecken.

ANBAU

DURCH AUSSAAT

Lassen Sie sich mit der Aussaat Zeit, denn schon geringe Temperaturschwankungen zwischen Tag und Nacht können den jungen Sämlingen schaden. Deshalb erst im späten Frühjahr, bei gleichmäßigeren Temperaturen, in Saatschalen oder Torftöpfe säen und nur leicht mit Erde bedecken; wenig und nie nach Mittag gießen. Basilikum sitzt einfach gern auf dem Trockenen!

STANDORT

IM GARTEN

Nur direkt in den Garten säen, wenn die Nachttemperaturen nicht unter 13 °C fallen. Der Platz muß gut vorbereitet sein, der Boden nährstoffhaltig und gut dräniert, der Standort warm und geschützt, vorzugsweise mit Mittagssonne.

IN KÜBELN

Basilikum gedeiht prächtig in Töpfen auf einem Fensterbrett oder auf einem sonnigen Balkon. In Südeuropa stellt man Töpfe mit Basilikum vors Haus, um Fliegen fernzuhalten. Vor Mittag das Basilikum gut gießen, doch nicht zuviel.

KULINARISCHES

Die Blüten des Basilikums harmonieren mit verschiedensten Gerichten. Zitronenbasilikumblüten schmecken köstlich in Thunfischsalat. Thai-Basilikumblüten passen gut zu kurzgebratenem Schweinefleisch. Wollen Sie das Basilikumaroma pur genießen, dann sollten Sie die folgenden Rezepte ausprobieren.

TIP

Reiben Sie Ihre Haut mit zerstoßenen Basilikumblättern ein – das wehrt Insekten erfolgreich ab!

SALAT AUS BASILIKUM-BLÜTEN, TOMATEN UND MOZZARELLA

Für 3–4 Personen
500g große Fleischtomaten
250g Mozzarella
Salz und Pfeffer, frisch gemahlen
1 EL Weißweinessig
3 EL Basilikumöl
6 Basilikumblätter, fein gehackt
2 EL Basilikumblüten (Zitronen-,
Süßes oder Griechisches Basilikum)
6 schwarze Oliven ohne Kern

Tomaten häuten, in dünne Scheiben
schneiden und auf eine Hälfte des
Tellers legen. Mozzarella dünn schneiden, auf die andere Hälfte legen und
würzen. Essig und Öl verrühren und
darüberträufeln. Mit Blüten und Blättern bestreuen, mit Oliven garnieren.

CRÈME FRAÎCHE MIT ROTEM BASILIKUM

1 kleiner Becher Crème fraîche
10 rote Basilikumblätter, gehackt
1 EL rote Basilikumblüten
1 Eissalat

Crème fraîche mit den Basilikumblättern und den Blüten vermengen.
Die Mischung in die Mitte eines
Eissalatblatts füllen, das als Schüsselchen dient. Die Basilikumcreme
als Dip oder als Fülle für Folienkartoffeln verwenden.

PESTO

Für 4 Personen
1 EL Pinienkerne
4 EL Basilikumblätter, gehackt
2 Knoblauchzehen, gehackt
6 EL Olivenöl
75g geriebener Parmesan
Salz und Pfeffer, frisch gemahlen
1 EL Basilikumblüten

Pinienkerne, Basilikumblätter und
Knoblauch mit dem Mixer oder Pü-
rierstab pürieren. Langsam Öl zugie-
ßen, bis eine dicke Paste entsteht.
Käse hinzufügen und abschmecken.
Blüten einrühren, einige zum
Garnieren aufheben.

Oenothera biennis
NACHTKERZE

❖

Winterhart, zweijährig, 90–120 cm hoch. Große, gelbe Blüten, die an Sommerabenden wundervoll duften. Lange, ovale oder lanzettliche Blätter.

Diese strahlend gelben Blüten, die die Abendluft mit ihrem zarten Duft betören, werden geschmacklich ihrer Schönheit nicht ganz gerecht. Sie schmecken nach Salat, zu welchem sie auch gut passen. Sie sind höchst dekorativ auf Frischkäse, Gurken und allen milden Gerichten. Eine andere Art, die sich zu kultivieren lohnt, ist die zwergwüchsige *Oenothera macrocarpa*, von der jedoch nur die Blütenblätter eßbar sind.

ANBAU

DURCH AUSSAAT

Im Frühjahr nicht zu tief in Töpfe oder Torftöpfe säen. Sobald die Frostgefahr vorüber ist, sollten Sie die Pflanzen in einem Abstand von 30 cm ins Freie pflanzen.

STANDORT

IM GARTEN

Die Nachtkerze gedeiht in fast allen Böden, doch sie bevorzugt gut dränierten Boden und ein trockenes, sonniges Plätzchen. Beachten Sie, daß sich die Nachtkerze reichlich selbst aussät.

IN KÜBELN

Da *Oenothera macrocarpa* nicht sehr hoch wird, sieht sie in Töpfen und Blumenkästen, besonders in Kombination mit anderen Pflanzen, sehr hübsch aus.

ERNTE

Blüten mitsamt den Ähren abschneiden und ins Wasser stellen, bis Sie sie brauchen. Die Blüten schließen sich rasch, stellen Sie die Vase deshalb in die pralle Sonne. Verwenden Sie sie frisch, denn sie lassen sich nicht gut konservieren. Die lange, üppige Blüte der Nachtkerze wird Sie dafür entschädigen!

KULINARISCHES

Die ganze Blüte der Nachtkerze ist eßbar, sobald die grünen Teile entfernt sind. Wie die Taglilie (siehe S. 68) kann sie als Knospe oder als reife Blüte verwendet werden. Ihr Salatgeschmack ist äußerst vielseitig, die gelben Blüten sind ein schöner Kontrast zu grünem Salat.

TIP

Auch die jungen Blätter und Wurzeln sind eßbar. Letztere schmecken wie süße Pastinaken, verzweifeln Sie also nicht, wenn Sie zu viele davon haben!

BREITE BOHNEN UND NACHTKERZENBLÜTEN IN BUTTER

Für 4 Personen
450 g junge, breite Bohnen
50 g Butter
1 TL Zitronensaft
Salz und Pfeffer, frisch gemahlen
1 EL Nachtkerzenblütenblätter
6 ganze Nachtkerzenblüten
(grüne Teile entfernen)

Da bei diesem Gericht die breiten Bohnen in ihren Schoten gekocht werden, sollten sie jung und die Schoten dünn und nicht länger als 10–13 cm sein. Enden abzwicken und drei- oder viermal schräg abschneiden. In einem Sieb unter kaltem Wasser waschen.

In kochendem Wasser die geputzten Bohnen etwa 8 Minuten garen, bis sie zart sind. Dann das Kochwasser abgießen. Den leeren Topf wieder auf den

Herd stellen. Butter schmelzen, Bohnen darin schwenken, mit Zitronensaft, Salz und Pfeffer abschmecken. Anschließend die Blütenblätter zugeben und in eine Schüssel füllen. Mit den ganzen Nachtkerzenblüten garnieren und anrichten.

FRISCHKÄSE MIT GURKE, MINZE UND NACHTKERZENBLÜTEN

Für 4–6 Personen
2 große Salatgurken
Salz
125 ml Frischkäse
3 EL Grüne Minze (Marokkanische oder Taschkent-Minze), gehackt
6 Nachtkerzenknospen, in Scheiben geschnitten
6 ganze Nachtkerzenblüten (grüne Teile entfernen)

Eine Gurke fein würfeln, die andere schälen und in fingerlange Stücke schneiden. Alle Gurkenstücke in ein großes Sieb legen, salzen und 30 Minuten stehen lassen. Mit kaltem Wasser abspülen und trockentupfen. Den Frischkäse in einer Schüssel mit der Minze, den Gurkenwürfeln und den Knospen vermengen. Die Mischung in eine Schüssel füllen, zudecken und kalt stellen. Vor dem Anrichten mit den fingerlangen Gurkenstücken und den ganzen Blüten garnieren.

Origanum vulgare
OREGANO
❖

Mehrjährig, 23–45 cm. Langstielige, buschige Blütenstände mit winzigen, weißen, rosaroten oder violetten Blüten im Sommer. Dunkelgrüne, aromatische, leicht behaarte Blätter.

Die Blüten von Oregano und Majoran sind zwar ähnlich, schmecken jedoch je nach Sorte unterschiedlich. Majoran, *Origanum majorana*, hat winzige weiße Blüten mit warmem, würzig-süßem Geschmack. *Origanum* spp. *Hirtum*, Griechischer Oregano, hat ebenfalls kleine weiße Blüten, die jedoch intensiv scharf-würzig schmecken und nur sparsam verwendet werden. *Origanum vulgare* ‚Aureum‘, Goldener Oregano, hat rosafarbene Blüten. Alle Oreganoblüten harmonieren mit Hühnchen, Fisch und Gemüse. Die ideale Konservierungsart sind Blütenöle und Essig (siehe S. 142).

ANBAU

DURCH AUSSAAT
Im Frühling in vorbereitete Saatschalen oder Torftöpfe säen. Nicht mit Kompost oder Perlit bedecken. Eine Bodenwärme von 15 °C fördert die Keimung. Die jungen Sämlinge sparsam gießen.

DURCH STECKLINGE
Im Frühling von den neuen Trieben Weichholzstecklinge abnehmen.

DURCH TEILUNG
Im Frühling oder Herbst die ausgewachsenen Pflanzen teilen und nach Belieben umsetzen.

STANDORT

IM GARTEN
Sowohl Oregano als auch Majoran lieben einen sonnigen Platz mit gut dräniertem Boden. Goldener Oregano ist eine Ausnahme: Er schätzt teilweise Schatten, damit seine Blätter nicht verbrennen.

IN KÜBELN
Alle *Origanum*-Arten sehen in Töpfen dekorativ aus. Gut dränierten Kompost nehmen und nicht zuviel gießen. Für neues Wachstum nach der Blüte zurückschneiden.

ERNTE
Die kleinen Blüten gleich nach dem Öffnen ernten, in Öl, Essig oder Butter konservieren (siehe S. 138–142).

KULINARISCHES
Die Blüten des Oregano sind sehr intensiv und sollten daher sparsam verwendet werden. Die ganze Blüte ist eßbar, sobald man den Blütenstiel und sämtliche grüne Teile entfernt. Diese beiden Rezepte zeigen Ihnen die Vielseitigkeit der Pflanzen.

TIP
Bereiten Sie aus den Blättern einen Aufguß, den Sie ins Badewasser gießen. Wirkt gegen Muskelverspannung.

MARINIERTE FORELLE MIT BLÜTEN VOM GRIECHISCHEN OREGANO

Für 4 Personen
8 Forellenfilets oder 2 ganze Forellen
(ohne Kopf und Schwanz)

Marinade
300 ml trockener Weißwein
4 EL Oreganoblütenessig
1 Schalotte
1 Karotte
1 Knoblauchzehe
1 Lorbeerblatt
6 schwarze Pfefferkörner
3 Zweige krausblättrige Petersilie
2 Zweige Griechischer Oregano

Sauce aus saurer Sahne
6 EL saure Sahne oder
Crème fraîche
1 Prise gemahlener Senf
Schwarzer Pfeffer, frisch gemahlen
Meersalz

Garnierung
2 EL rosarote Oreganoblüten

Forelle in eine Bratpfanne mit Deckel oder in eine hitzebeständige Form legen. Alle Zutaten für die Marinade in einem kleinen Topf aufkochen. 20 Minuten köcheln, dann über die Forelle gießen. Weitere 10 Minuten köcheln, danach den Fisch in der Marinade abkühlen lassen.

Forelle herausnehmen, Marinade durch ein Sieb gießen und für die Sauce beiseite stellen. Haben Sie ganze Fische verwendet, häuten, filetieren und entgräten Sie sie. Auf Tellern anrichten. Die saure Sahne in einer Schüssel mit Senf und 2 Eßlöffeln Marinade vermengen. Mit Salz und Pfeffer abschmecken. Die Sauce glattrühren und über den Fisch gießen.

Zum Abschluß 2 Eßlöffel Oreganoblüten über die Filets und die Sauce streuen und das Gericht als Vorspeise reichen.

JUNGE ROTE BEETE IN HELLER MAJORANSAUCE

Für 4–6 Personen
8 junge Rote Beete, ganz

Helle Sauce
30 g Butter
30 g Mehl
1 EL Majoranblüten (in einzelnen Blüten, ohne grüne Teile)
300 ml Milch
Salz und Pfeffer, frisch gemahlen
Zusätzliche Majoranblüten

Von der Roten Beete die Spitzen abschneiden, 2 cm des Stiels dranlassen. Mit kaltem Wasser waschen – nicht die Haut verletzen, sonst läuft der Saft beim Kochen aus. In siedendem Wasser 30–45 Minuten kochen. Um festzustellen, ob sie fertig sind, aus dem Topf nehmen und mit den Fingern zusammendrücken; löst sich die Haut leicht, dann sind sie gar. Abgießen und vor dem Schälen abkühlen lassen.

Für die helle Sauce Butter schmelzen und Mehl zugeben, 1 Minute unter ständigem Rühren anschwitzen. Majoranblüten und Milch zugeben. Solange kochen, bis die Sauce dick und glatt ist, abschmecken und über die Rote Beete gießen. 10 Minuten bei 180 °C (Gas: Stufe 4) in den Backofen stellen. Mit Blüten garniert servieren.

Perilla frutescens var. *crispa*
PERILLA, SHISO
❖

Einjährig, 60 cm – 1,2 m hoch. Kleine weiße Blüten im Sommer.
Leicht gekrauste, grüne, aromatische Blätter.

Ich begann vor mehr als 10 Jahren, diese Pflanze für kulinarische Zwecke
zu ziehen. Kürzlich entdeckte ich, daß sie nun auch im Fachhandel erhältlich ist. Shiso ist eine außergewöhnliche Pflanze, ihre kleinen Blüten haben
einen lieblich süßen, leicht scharfen Geschmack, der gut zu kurzgebratenen
Gerichten, Hühnchen und Fisch paßt. *Perilla frutescens* var. *crispa rubra*,
rotblättriges Shiso, hat kleine rosarote Blüten, die sehr ähnlich schmecken
und Gerichte durch ihre Farbkombination unwiderstehlich machen.

ANBAU
DURCH AUSSAAT

Im Frühling in Saatschalen oder
Torftöpfe säen. Die Samen keimen oft
schlecht; eine Bodentemperatur von
18 °C ist hilfreich, wenn Sie schon im
Frühjahr mit der Aussaat beginnen
möchten.

STANDORT
IM GARTEN

Nur dann direkt in den Garten säen,
wenn die Nachttemperaturen nicht
unter 10 °C fallen. Der Boden sollte
gut vorbereitet, nährstoffreich und
durchlässig sein, die Standorte warm
und geschützt, vorzugsweise mit
Mittagssonne.

IN KÜBELN

Shiso gedeiht gut in Töpfen auf dem
Fensterbrett oder hinter dem Haus
in praller Sonne. Wenn die Pflanze
größer wird, umtopfen, denn Shiso
wird sehr groß. Damit sie nicht zu
hoch wird, muß der Haupttrieb

zurückgeschnitten werden, dies regt
auch Blüten- und Blattwachstum an.

ERNTE

Pflücken Sie die Blüten regelmäßig
ab, das fördert die Bildung neuer
Blüten. Am besten in Blütenöl oder
Essig konservieren (siehe S. 142),
damit werden Salatdressings und
kurzgebratene Gerichte verfeinert.

KULINARISCHES

Die ganzen Blüten sind genießbar.
Experimentieren Sie mit ihnen, denn
sie sind vielseitig und außergewöhnlich. Hier möchte ich Ihnen 2 Rezepte
vorstellen, um Ihren Appetit anzuregen.

TIP

Mit rotblättrigem Shiso kann man
eingemachtes Obst färben.

SHISO-RICOTTA-AUFLAUF

Für 6 Personen
*Genug rote Shisoblätter, um
6 Auflaufförmchen auszulegen
(etwa 24 Blätter, je nach Größe)
150 g Ricotta
150 g Frischkäse
75 g Butter, weich
2 Knoblauchzehen, gepreßt
Salz und Pfeffer, frisch gemahlen
2 EL Shisoblüten*

Zuerst die Förmchen mit Frischhaltefolie so auslegen, daß seitlich
genug Folie bleibt, um die Förmchen
abzudecken, wenn Sie sie in den
Kühlschrank stellen. Jede Form so mit
Blättern auslegen, daß diese etwas
überstehen. Legen Sie ein paar Shisoblätter zum Bedecken beiseite. Sind
die Blätter nicht mehr ganz jung, dann
sollten sie zuvor wenige Sekunden in
sehr heißem Wasser blanchieren. Sie
werden dadurch weicher und form-

barer und können so leichter in die Förmchen gelegt werden.

Ricotta, Frischkäse, Butter und Knoblauch gründlich verrühren. Mit Salz und Pfeffer abschmecken, die Hälfte der Blüten zugeben und einrühren. Anschließend die Mischung in die Förmchen füllen, mit den restlichen Shisoblättern und der Frischhaltefolie bedecken. Über Nacht in den Kühlschrank stellen.

Vor dem Servieren die Frischhaltefolie zurückschlagen, die Formen auf Teller stürzen und die restliche Folie entfernen. Zum Schluß mit Blüten garnieren.

Sie können den Auflauf als Salat oder mit Toast als Vorspeise reichen.

MIT HÜHNCHEN, REIS UND PINIENKERNEN GEFÜLLTE SHISOBLÄTTER

Für 4 Personen
Öl zum Braten
1 kleine Zwiebel, fein gehackt
100 g Reis, gekocht
100 g Hühnchen, gekocht und in
Würfel geschnitten
1 EL Pinienkerne
1 TL Estragon, fein gehackt
1 TL Thymian, fein gehackt
1 EL Shisoblüten
16 Shisoblätter

Öl in einer großen Pfanne erhitzen, Zwiebeln glasig dünsten. Reis, Hühnchen, Pinienkerne, Estragon, Thymian und 2 Teelöffel Blüten zugeben. Umrühren, 2 Minuten braten und vom Herd nehmen.

Shisoblätter in sehr heißem Wasser blanchieren und dann flach auf ein Brett legen. Auf 8 Blätter je einen Teelöffel der Mischung geben und aufrollen. Die restlichen 8 Blätter auflegen, die gefüllten Blätter daraufsetzen und von der anderen Seite her aufrollen. Das versiegelt die Rollen und verhindert ein Auslaufen der Füllung. Auf einem Servierteller anrichten, zudecken und im Kühlschrank kalt stellen.

Vor dem Anrichten mit den restlichen Shisoblüten bestreuen. Die gefüllten Blätter mit einer Vinaigrette als Vorspeise reichen.

Pelargonium
PELARGONIE, DUFTBLATTGERANIE
❖

Nicht winterharter Halbstrauch, 30 cm – 1 m hoch. Es gibt viele verschiedene Sorten. Pelargonien werden fälschlicherweise als „Geranien" bezeichnet. Sie blühen im Sommer in einer breiten Palette von Farben und Formen. Auch die aromatischen Blätter sind sehr unterschiedlich, tief eingeschnitten, gekraust, rundlich oder filigran. Sie duften nach Zitrone, Rose, Pfefferminze oder Muskat.

Obwohl Ihnen bei der Pelargonie zuerst die duftenden Blätter auffallen werden, gibt es auch einige wohlschmeckende Blüten. *Pelargonium* ‚Attar of Roses' blüht zartrosa, *Pelargonium crispum* trägt kleine, rosarote Blüten und *Pelargonium* ‚Royal Oak' hat große zartviolette Blüten mit intensiven Farbklecksen. Die Blüten von *Pelargonium* ‚Lemon Fancy' sind rosarot mit pinkfarbenen Klecksen, *Pelargonium* ‚Mable Grey's' Blüten sind violett und im Sommer dunkler geädert, wogegen die Blüten von *Pelargonium odoratissimum*, der Zitronenpelargonie, und *Pelargonium fragrans* filigran und weiß sind. Diese Liste könnte man beliebig fortsetzen. Alle sind eßbar, und obwohl sie dem spektakulären Geschmack der Blätter etwas nachstehen, vermögen sie dennoch, viele Gerichte zu verfeinern.

ERNTE

Blüten ernten, sobald sie sich öffnen. Nur die Blütenblätter werden in der Küche verwendet, ganze Blüten sind dennoch schön zum Garnieren. Am besten in Gelee, Öl, Butter oder Sirup konservieren (siehe S. 138 – 142).

KULINARISCHES

Pelargonien wurden schon in der Viktorianischen Zeit zum Aromatisieren von Gerichten verwendet. Nun kommen sie wieder in Mode.

ANBAU

DURCH AUSSAAT

Pelargonien können durch Aussaat in Saatschalen oder Torftöpfe im Frühjahr gezogen werden. Die Bodenwärme sollte mindestens 15 °C betragen. Bei den meisten Arten ist es günstiger, Stecklinge zu nehmen.

DURCH STECKLINGE

Im Sommer Weichholzstecklinge von den nichtblühenden Trieben abnehmen, in Torftöpfe oder kleine Töpfe setzen. Im kühlen Gewächshaus oder Wintergarten überwintern, den Kompost trockenhalten und nur gelegentlich gießen. Im Frühjahr in größere Töpfe umsetzen und, bis sie zu wachsen beginnen, spärlich gießen.

STANDORT

IM GARTEN

Nach dem letzten Frost in den Garten pflanzen. Wählen Sie einen warmen Platz mit gut dränierter Erde. In kühleren Breiten Pflanzen im Spätsommer oder zu Herbstbeginn ausgraben und im kühlen Gewächshaus überwintern.

IN KÜBELN

Pelargonien sind hervorragende Topfpflanzen. In Töpfen sind sie auch am besten aufgehoben, da man so ihre Wachstumsbedingungen leichter beeinflussen kann. Wählen Sie einen Platz, wo Sie im Vorbeigehen die Blätter reiben und die benötigten Blüten pflücken können.

TIP

Pelargonienöl wird in der Aromatherapie zur Entspannung eingesetzt. Verdünnen Sie zur Pflege trockener Haut 1 Tropfen Pelargonienöl mit 2 Teelöffeln Mandelöl.

PELARGONIEN-GELEE

Ergibt 4 Gläser à 450 g

1,75 kg Kochäpfel

1,75 l Wasser

1 kg Zucker

12 ganze Pelargonienblüten

12 Blätter der Sorte Pelargonium
‚Attar of Roses'

4 EL Zitronensaft

Die Blütenblätter von 12 Pelargonien
zum abschließenden Einrühren

Die ganzen Äpfel waschen, in Stücke schneiden und in einen großen Topf mit Deckel legen. Wasser zugießen und aufkochen. Äpfel je nach Sorte 20–30 Minuten weich und breiig kochen. Vorsichtig in ein Musselin- bzw. Geleesäckchen gießen. 1 Tag oder über Nacht in eine Schüssel filtern.

Saft abmessen und in einen Topf geben. Pro 600 ml Saft etwa 450 g Zucker zugeben. Zum Kochen bringen und die in ein Stück Musselin gewickelten Blüten und Blätter zugeben. Ca. 20 Minuten kochen, bis die Flüssigkeit stockt. Das können Sie überprüfen, indem Sie ein wenig Saft in eine kalte Schüssel tropfen. Legt sich die Oberfläche in Fältchen, wenn Sie sie leicht berühren, ist die Konsistenz des Saftes richtig. Blüten, Blätter und Schaum entfernen, Zitronensaft und Blütenblätter von 12 Blüten einrühren und in vorgewärmte Gläser füllen. Abkühlen lassen, verschließen und abschließend beschriften.

ZITRONENPELARGONIEN-PLÄTZCHEN

Wählen Sie für dieses Rezept eine der nach Zitronen duftenden Sorten, z. B. ‚Mable Grey' oder ‚Lemon Fancy'.

Etwa 30 Plätzchen

225 g mit Backpulver
vermischtes Mehl

1 Prise Salz

150 g Butter

100 g Kristallzucker

1 TL Pelargonienblätter, fein gehackt

1 Ei

Blütenblätter von 30 Pelargonien-
blüten mit Zitronenduft

Backofen auf 180 °C
(Gas: Stufe 4) vorheizen

Mehl und Salz in eine Schüssel sieben, Butter einarbeiten, bis sie krümelig wird. Zucker, gehackte Blätter und das Ei zugeben und zu einem sehr festen Teig verarbeiten. Aus der Schüssel nehmen, glattkneten, in Alu- oder Frischhaltefolie wickeln und 30–40 Minuten kalt stellen. Auf einem leicht bemehlten Nudelbrett den Teig ziemlich dünn ausrollen und mit einem 5 cm großen Ausstechförmchen Plätzchen ausstechen. Auf ein mit Backpapier belegtes Backblech legen, mehrmals mit einer Gabel anstechen. 12–15 Minuten goldbraun backen. Nach dem Herausnehmen 2 oder 3 Blütenblätter auf jedes Plätzchen legen, bevor sie hart werden. Abkühlen lassen und in einer luftdichten Dose aufbewahren.

Phlox drummondii
PHLOX, FLAMMENBLUME
❖

Einjährig, 15 cm hoch. Sternförmige Blüten in Rot, Pink, Blau, Violett und Weiß von Sommer bis Frühherbst. Lanzettliche, hellgrüne Blätter.

Die Blüten haben ein zart duftendes Aroma und eignen sich hervorragend für Salate oder kandiert zum Garnieren von Desserts. Es gibt auch mehrjährige Pflanzen dieser Gattung, unter denen einige immergrün sind. Eine immer seltener anzutreffende Art, die es sich zu ziehen lohnt, ist ‚Album‘. Sie wird etwa 1,2 m hoch. Von dieser Staude sind jedoch nur die weißen Blütenblätter eßbar.

ANBAU
DURCH AUSSAAT
Im Herbst in Saatschalen oder Torftöpfe säen. Im kühlen Gewächshaus überwintern und im Frühling, wenn kein Frost mehr droht, auspflanzen. Zum Ziehen später blühender Pflanzen im Frühling, nach dem letzten Frost, direkt in den Garten säen. Auf 10 cm auslichten.

DURCH STECKLINGE
Mehrjährige Sorten können nur auf diese Art vermehrt werden. Im Frühling oder Frühsommer Weichholzstecklinge von den nichtblühenden Trieben abnehmen.

STANDORT
IM GARTEN
An einen sonnigen oder halbschattigen Standort in fruchtbare, feuchte, aber gut dränierte Erde setzen. Sind die Sommer bei Ihnen heiß und trocken, sollten Sie die Pflanze mit Mulch versorgen, damit sie Feuchtigkeit binden kann, und sie gut gießen.

IN KÜBELN
Einige alpine Sorten, wie etwa *Phlox hoodii*, *Phlox* ‚Millstream‘ und *Phlox* ‚May Snow‘ sehen in flachen, rustikalen Töpfen entzückend aus. Sie benötigen jedoch reichlich, gut dränierten Kompost!

ERNTE
Blüten ernten, sobald sie sich öffnen und frisch verwenden oder kandieren (siehe S. 142).

KULINARISCHES
Diese dekorativen Blüten sind ein schöner Anblick auf Blütensalaten oder Desserts (siehe S. 105). Staubgefäße, Stempel und grüne Teile müssen sorgfältig entfernt werden.

TIP
Verblühtes abschneiden. So wird das Blütenwachstum angeregt.

ROTWEINBIRNEN MIT WEISSEN PHLOXBLÜTEN

Für 6 Personen
150 g Kristallzucker
150 ml Wasser
150 ml Rotwein
Zitronenschale, in Streifen
1 kurzes Stück Zimtrinde
6 reife Birnen
1 TL Pfeilwurz
12 weiße, kandierte Phloxblüten

Für den Sirup den Zucker in Wasser auflösen und gelegentlich umrühren, damit er nicht am Topfboden haftet. Wein, Zitronenschale und Zimt zugeben und unter ständigem Rühren zum Kochen bringen. 1 Minute kochen und vom Herd nehmen. Birnen schälen, Stiel nicht entfernen. In einen Topf legen, mit Sirup übergießen und bei geringer Hitze bedeckt dünsten, bis sie weich sind. Dies dauert, auch bei reifen Birnen, etwa 25 Minuten. Werden sie zu schnell gekocht, verfärben sie sich rund um das Kerngehäuse. Birnen auf einem Servierteller anrichten. Sirup auf die Hälfte einkochen lassen. Pfeilwurz in etwas Wasser einrühren und zum Sirup geben. Unter ständigem Rühren den Sirup nochmals aufkochen, bis er sich klärt. Über die Birnen träufeln und kalt stellen. Mit kandierten weißen Blüten garnieren.

GEZUCKERTER WEISSER PHLOX MIT WASSERMELONEN-EIS

Für 4 Personen
125 g Kristallzucker
250 ml Wasser
2 kg Wassermelone (sollte etwa 1 kg Fruchtfleisch ergeben)
Saft einer Zitrone
Kristallzucker und Eischnee für den Zuckerrand der Servierschalen
12 kandierte weiße Phloxblüten

Zucker und Wasser in einem Topf langsam, unter ständigem Rühren erhitzen, bis sich der Zucker auflöst. 2 Minuten kochen, vom Herd nehmen und abkühlen lassen. Nun die Melone in Stücke schneiden, Schale und Kerne entfernen. Am besten in der Küchenmaschine mit Sirup und Zitronensaft pürieren. Für das Fruchteis das Püree in ein flaches Gefäß füllen und tiefkühlen. Nach 45–60 Minuten das Wassermelonenpüree aus dem Tiefkühlfach nehmen und die Eiskristalle mit einer Gabel oder dem Mixer

durchschlagen. Wieder ins Tiefkühlfach stellen und diesen Vorgang wiederholen, bis sich eine Eiskristallmasse gebildet hat. Gefäß verschließen und bis zum Servieren tiefkühlen. Den Rand von 4 Glasschüsseln mit Eischnee bestreichen und in Kristallzucker tauchen.

Das Fruchteis auf die 4 Schüsselchen mit dem Zuckerrand verteilen und zum Schluß mit kandierten Phloxblüten garnieren.

Primula veris

SCHLÜSSELBLUME

❖

Winterhart, mehrjährig, 15–20 cm hoch. Im Frühjahr Dolden von süß duftenden, gelben, trichterförmigen Blüten. Grüne, ovale Blätter.

Ich kann mich noch gut erinnern, als ich in meiner Kindheit durch Felder voll von blühenden Schlüsselblumen spazierte. Durch die heutigen Anbaumethoden ist dies leider nicht mehr möglich. Falls der Boden bei Ihnen jedoch lehm- oder kalkhaltig ist, können Sie Schlüsselblumen ziehen. Diese werden sich schnell vermehren. Man kann aus ihnen Schlüsselblumenwein zubereiten oder die Blüten in Salaten genießen.

ANBAU

DURCH AUSSAAT

Im Frühherbst in Saatschalen oder Torftöpfe säen. Abdecken und im Freien überwintern, da die Samen bei leichtem Frost besser keimen.

DURCH TEILUNG

Im Frühherbst oder Frühling ausgewachsene Pflanzen teilen und im Abstand von 15 cm ins Freie pflanzen.

STANDORT

IM GARTEN

An einen halbschattigen oder geschützten sonnigen Platz mit gut dränierter, feuchter Erde setzen.

IN KÜBELN

Schlüsselblumen können im Topf gezogen werden, solange der Kompost nicht austrocknet. Vor der Mittagssonne schützen.

ERNTE

Blüten gleich nach dem Öffnen pflücken und in Wein, Zucker, Sirup oder Essig konservieren (siehe S. 138–142). Auch kandiert sind sie ein Blickfang (siehe S. 142).

KULINARISCHES

Alle grünen Teile entfernen, dann können Sie die ganze Blüte essen. Sie schmeckt himmlisch!

TIP

Bitte beachten Sie, daß es vielen europäischen Ländern verboten ist, wildwachsende Schlüsselblumen zu pflücken!

WARNUNG
Manche Schlüsselblumenarten können Hautausschläge hervorrufen!

SALAT AUS BRUNNENKRESSE, PORTULAK UND SCHLÜSSELBLUMEN

Für 4 Personen
2 Bund Brunnenkresse, gewaschen
100 g grüne und goldfarbene Portulakblätter
10–15 Schlüsselblumenblüten

Salatdressing
1 TL frischer Estragon, fein gehackt
1 TL Minze
(Marokkanische oder Taschkent-Minze), fein gehackt
1 EL Schlüsselblumenessig
(oder Weißweinessig)
3 EL Olivenöl

Brunnenkresse grob hacken, mit dem Portulak und der Hälfte der Blüten vermengen. Für das Salatdressing alle Zutaten gründlich verrühren. Vor dem Servieren das Dressing unterheben und mit den restlichen Blüten bestreuen.

PFANNKUCHEN MIT SCHLÜSSELBLUMEN UND ORANGENSAUCE

Für 8 Personen
Pfannkuchen
250g Mehl, gesiebt
450 ml Milch und Wasser
zu gleichen Teilen
1 großes Ei, geschlagen
1 EL geschmolzene Butter oder Öl
1 EL Kristallzucker
1 Prise Salz
Öl oder Schmalz zum Backen

Schlüsselblumen und Orangensauce
300 ml Wasser
175g Kristallzucker
Schale von 2 Orangen (ungewachst)
10–15 Schlüsselblumenblüten
(alle grünen Teile entfernen)

Diesen Teig macht man am besten am Morgen und läßt ihn den ganzen Tag im Kühlschrank stehen. Sie können ihn auch sofort zubereiten.

Mehl in eine Rührschüssel geben, in der Mitte eine Mulde formen und langsam Milch und Wasser zugeben. Langsam zu einem glatten Teig verrühren, bis das gesamte Mehl gut eingearbeitet ist. Ei, Butter oder Öl, Zucker und Salz beigeben und wieder gut schlagen. Der Teig sollte dann dünnflüssig sein.

Für die Sauce das Wasser zum Kochen bringen. Zucker beigeben und ständig rühren, damit er sich nicht anlegt. Orangenschale beigeben und etwa 10 Minuten köcheln lassen. Vom Herd nehmen. Kurz vor dem Essen wenig Öl oder Schmalz in einer Pfanne erhitzen. Teig durchrühren und eine kleine Menge in die Pfanne gießen. Kippen Sie diese, so daß eine dünne Teigschicht den ganzen Boden überzieht. Solange backen, bis sie sich beim Rütteln der Pfanne bewegt. Den Pfannkuchen wenden. Ist die zweite Seite fertig, auf einen warmen Teller gleiten lassen. Die Sauce aufwärmen und über die zusammengeklappten Pfannkuchen gießen. Mit Blüten bestreut servieren.

Primula vulgaris
PRIMEL
❖

Winterhart, mehrjährig. 15–20 cm (15–30) hoch. Süß duftende, gelbe Blüten mit dunkelgelber Mitte im Frühling. Ovale, gekrauste, mittelgrüne Blätter.

Manche Leute mögen es ablehnen, diesen duftenden Frühlingsboten zu verspeisen. Auch ich dachte so, als mir zum ersten Mal ein Salat aus Primel- und Veilchenblüten vorgesetzt wurde, bis ich sie kostete. Der Geschmack gleicht dem Duft: warm und süß. Primeln machen – selbst an trüben Frühlingstagen – aus Ihren Gerichten etwas ganz Besonderes.

ANBAU
DURCH AUSSAAT
Im Spätsommer in Saatschalen oder Torftöpfe säen. Im Winter abdecken und draußen überwintern. Primeln lassen sich jedoch nur schwer aus Samen ziehen.

DURCH TEILUNG
Im Frühherbst ausgewachsene Pflanzen teilen und im Abstand von 15 cm in den Garten setzen.

STANDORT
IM GARTEN
Diese Wiesenblume wächst gerne in Hecken und unter Laubbäumen. Sind diese Bedingungen nicht möglich, pflanzen Sie sie an einen halbschattigen, geschützten Ort mit feuchtem Boden und viel Blättermulch.

IN KÜBELN
Primeln gedeihen in Töpfen, die jedoch im Halbschatten stehen müssen. Kompost nicht austrocknen lassen!

TIP
Dies ist kein Tip, sondern ein Hinweis: In vielen europäischen Ländern ist es verboten, die wildwachsende Pflanze zu pflücken oder auszugraben.

WARNUNG
Bitte beachten Sie, daß manche Primelsorten Hautausschläge hervorrufen können!

ERNTE
Blüten gleich nach dem Öffnen pflücken und durch Kandieren, in Blütenzucker oder Essig konservieren (siehe S. 138–142).

KULINARISCHES
Aufgrund ihres zarten Aromas esse ich diese Blüten am liebsten pur. Vor dem Verzehr alle grünen Teile und Staubgefäße entfernen.

PRIMELSALAT

Für 4 Personen
1 Kopfsalat
150 g Feldsalat
500 g Tomaten, geschnitten
50 g Petersilie, gehackt
2 EL junge Primelblätter, fein gehackt
½ Salatgurke, geschält und geschnitten
15-20 Primelblüten

Salatdressing
3 EL Sonnenblumen- oder Olivenöl
1 EL Primelessig (oder Weißweinessig)

Salz und Pfeffer,
frisch gemahlen

Kopfsalat waschen, dabei die äußeren
Blätter entfernen und trockenschleu-
dern. Feldsalat, Tomaten, Petersilie,
Primelblätter und Gurke zugeben
und vermengen. Für das Dressing Öl
und Essig in einer Schüssel gründlich
verrühren, mit Pfeffer und Salz
abschmecken. Vor dem Servieren das
Dressing über den Salat träufeln und
mit Blüten bestreuen.

SALAT MIT PRIMELN
UND VEILCHEN

Für 4 Personen
1 Eissalat (oder ein anderer
knackiger Salat)
15–20 Primelblüten
15–20 Veilchenblüten (nach Belieben)

Salatdressing
3 EL Sonnenblumenöl
1 EL Veilchenessig
(oder Weißweinessig)
1 EL Minze (Bowles oder Apfelminze),
gehackt
Salz und Pfeffer, frisch gemahlen

Eissalat zerpflücken, waschen, trok-
kenschleudern und schneiden. In eine
Salatschüssel geben und reichlich mit
Blüten bestreuen. Für das Dressing
Essig (wenn möglich Veilchenessig
(siehe S. 142)) und Öl gut verrühren,
Minze zugeben und würzen. Vor dem
Servieren das Dressing über den Salat
träufeln, unterheben und anrichten.

Robinia hispida
ROBINIE
❖

Winterhart, mehrjährig, laubabwerfend. 1,5–2 m hoch. Rosenfarbene, erbsenförmige Blütentrauben. Dunkelgrüne Blätter.

Dies ist eine atemberaubend schöne Staude, ihre Blüten haben ein erbsenartiges Aroma und eignen sich besonders für Desserts. *Robinia pseudoacacia*, Robinie oder Scheinakazie, ist ein laubabwerfender Baum, der bis zu 25 m hoch wird. Er besitzt dichte, hängende weiße Blütentrauben, die nach Erbsen riechen und ebenfalls eßbar sind.

ANBAU

DURCH AUSSAAT
Diese Staude trägt manchmal Samen, die im Frühherbst, sobald sie reif sind, in Saatschalen oder Torftöpfe gesät werden. Im Frühbeet oder kalten Gewächshaus überwintern.

DURCH SCHÖSSLINGE
Teilen Sie die Schößlinge im Herbst von der Hauptpflanze ab. An einen geschützten Ort in den Garten setzen oder im Topf im kühlen Gewächshaus oder Frühbeet überwintern.

DURCH PFROPFUNG
Wollen Sie diese Pflanze vom Gärtner kaufen, sollten Sie nach einer Pflanze Ausschau halten, die auf *Robinia pseudoacacia* gepfropt wurde, weil die Staude dadurch zu einem dekorativen Bäumchen mit großen, rosaroten Blütentrauben heranwächst.

STANDORT

IM GARTEN
Die Robinie, die ursprünglich aus Nordamerika stammt, ist nun auch in Europa heimisch. Zwar ist die Staude bzw. das Bäumchen nicht langlebig, wächst aber in jeder, außer in zu feuchter Erde. Sie bevorzugt kargen, trockenen Boden in sonniger Lage. Vor starkem Wind schützen, denn die Zweige sind spröde und brechen leicht ab. Diese Pflanze ist sehr resistent gegen Luftverschmutzung und wächst daher auch in Städten sehr gut.

IN KÜBELN
Die Robinie gedeiht im Kübel, solange sie ständig in größere umgesetzt wird. Das ist bei der Größe der Robinie gar nicht so einfach! Eine richtige Herausforderung ist es, eine Robinie, die auf eine Scheinakazie gepfropft wurde, als Hochstämmchen zu ziehen. Sie ist eine wahre Augenweide und duftet im Sommer einfach himmlisch.

ERNTE
Ganze Blütentrauben nach dem Öffnen ernten und durch Kandieren (siehe S. 142) oder in Sirup (siehe S. 141) konservieren.

KULINARISCHES
Bevor Sie diese Blüten genießen, zupfen Sie die einzelnen Blüten von den Trauben und entfernen Sie alle grünen Teile samt Stiel.

TIP
Robinien nicht zurückschneiden, sondern nur in Form stutzen. Abgestorbene Zweige im Spätsommer, bevor die Blätter fallen, ausschneiden.

WARNUNG
Essen Sie keinesfalls die nach der Blüte entstehenden Samenschoten, da diese giftig sind!

MERINGENNESTER MIT KANDIERTEN ROBINIENBLÜTEN

Für 4 Personen
Schaumgebäck
4 Eiweiß
250 g Kristallzucker

Füllung
300 ml Schlagsahne
¼ TL Mandelessenz
1 EL kandierte Robinienblüten
Backofen auf 120 °C
(Gas: Stufe 2) vorheizen

Für die Meringen das Eiweiß sehr steif schlagen (der Schnee sollte beim Umdrehen der Schüssel haften bleiben). Löffelweise den Zucker unterheben. In einem Spritzbeutel mit dekorativer Tülle füllen und die Nester auf ein mit Silikonpapier belegtes Backblech spritzen. 1–2 Stunden im Ofen trockenbacken und anschließend abkühlen lassen.

Für die Füllung Sahne fast ganz steif schlagen und die Mandelessenz einrühren. Die Meringen mit der Creme füllen, hübsch anrichten und mit den kandierten Blüten garnieren. Bis zum Servieren kalt stellen.

SOMMERLICHER FRUCHTPUDDING MIT ROBINIENBLÜTEN

Für 6 Personen
700 g gemischte Früchte – schwarze Johannisbeeren, Himbeeren, Loganbeeren, Brombeeren, Kirschen

150 ml Wasser
Groben Kristallzucker
(nach Geschmack)
½ Weißbrot, in dünnen Scheiben
1 TL Pfeilwurz, eingeweicht in
150 ml Fruchtsaft oder Wasser
1 EL von den Blütentrauben
gezupfte Robinienblüten

Früchte und Wasser in einem Topf 4 bis 5 Minuten zugedeckt köcheln lassen. Durch ein Sieb gießen und den Saft dabei auffangen. Früchte mit der Küchenmaschine pürieren, Saft zugeben und nach Geschmack zukkern. Brot von der Rinde befreien, dann mit den Brotscheiben eine Schüssel auslegen. Etwas Fruchtpüree hineingießen, bis die unterste Schicht vollgesogen ist, dann wieder mit einer Schicht Weißbrot bedecken. So abwechseln, bis die Schüssel bedeckt ist. Jede Schicht sollte gut mit Fruchtpüree vollgesogen sein. Mit einer Brotschicht abdecken. Mindestens 150 ml Püree für die Sauce zurückbehalten. Die Schüssel mit einem Teller abdecken, einem 1-kg-Gewicht beschweren und den Fruchtpudding über Nacht im Kühlschrank kalt stellen.

Für die Sauce das restliche Püree mit etwas Wasser und dem Pfeilwurz unter ständigem Rühren bei mittlerer Hitze in einem kleinen Topf zum Kochen bringen. Die Sauce in eine Schüssel gießen und abkühlen lassen. Den kalten Fruchtpudding auf einen Servierteller stürzen, die Sauce darübergießen und mit Robinienblüten bestreuen.

Rosa spp.

ROSE

❖

Mehrjährig, meist winterhart, laubabwerfende oder halb-immergrüne Stauden und Kletterpflanzen, 40 cm–4 m hoch. Je nach Art blühen Rosen zwischen Frühjahr und Herbst in allen Farbschattierungen. Die Blätter sind gewöhnlich in 5 oder 7 ovale Blättchen unterteilt.

Chinesische Aufzeichnungen dieser herrlichen Blume kann man tausende von Jahren zurückverfolgen. Griechen, Römer und Perser verwendeten Rosen in der Medizin und zur Parfumherstellung. Seit Jahrhunderten werden ihre Blütenblätter für kulinarische Zwecke verwendet. Rosenblütenmarmelade galt schon zur Viktorianischen Zeit als Delikatesse. Reicht die Zeit zum Selbermachen nicht aus, kann man sie auch fertig kaufen. Sie wird meist nach traditionellen Rezepten hergestellt.

ANBAU
Tips zum erfolgreichen Ziehen von Rosen würden ein ganzes Buch füllen, deshalb finden Sie hier nur ein paar allgemeine Richtlinien und ich verrate Ihnen einige meiner Lieblinsrosen: *Rosa x damascena semperflorens*, Damaskusrose, *Rosa gallica* var. *officinalis*, Apothekerrose, *Rosa gallica* ‚Versicolor‘, Rosamunde, *Rosa rugosa*, die rosarot oder rot blüht, *Rosa rugosa* ‚Alba‘, eine weiße Art, und eine moderne Rose, *Rosa* ‚Rosemary Harkness‘.

DURCH AUSSAAT
Rosen können – mit viel Geduld – aus Hagebuttensamen gezogen werden. Die Hagebutte sollte an der Pflanze bleiben, bis sie ganz reif ist. Im Herbst gesäte Samen keimen für gewöhnlich im nächsten Frühjahr, können aber, da das Keimen oft schwer ist, 1 Jahr im Dornröschenschlaf liegen.

DURCH STECKLINGE
Im Frühherbst halbreife Stecklinge abnehmen. Im nächsten Frühjahr ins Freie pflanzen.

STANDORT
IM GARTEN
Die beste Pflanzzeit für Rosen ist Frühjahr oder Frühherbst, in den meisten Fällen an einem offenen, sonnigen Platz mit fruchtbarer, feuchter, aber gut dränierter Erde. Im ersten Jahr gut gießen. Sie benötigen viel Nahrung, verwöhnen Sie sie gegen Winterende und zu Frühlingsbeginn mit ausgewogenem Dünger. Im Frühjahr und Sommer einmal pro Monat düngen. Durch Abschneiden von verblühten Blüten wird die Wiederblüte angeregt. Zu Frühlingsbeginn, bevor sie neu austreiben, sollten Sie Rosen in Form schneiden und abgestorbenes Holz entfernen.

IN KÜBELN
Viele zwergwüchsige Sorten sehen in Töpfen schön aus. Wählen Sie einen Kompost auf Erdbasis und düngen Sie im Frühjahr/Sommer regelmäßig mit flüssigem Rosendünger.

ERNTE
Riecht eine Rose gut, dann schmeckt sie auch gut. Pflücken Sie die Blütenblätter im Sommer von den sich öffnenden Blüten, bevor sie sich zu neigen beginnen. Alle Rosenblütenblätter sind eßbar und schmecken ein wenig verschieden. Entfernen Sie die weißen Ansätze der Blütenblätter vor dem Essen! In Butter, Sirup, Gelee, Öl oder Essig konservieren (siehe S. 138–142) oder die Blütenblätter kandieren (siehe S. 142).

TIP
Rosen nicht an Stellen pflanzen, wo Sie in den letzten Jahren Rosen gezogen haben, da sie sich mit Krankheiten infizieren könnten.

GELEE AUS HOLZÄPFELN UND ROSENBLÜTEN

Ergibt 4 Gläser à 450 g

*2 kg Holzäpfel, gewaschen und
geschnitten*
1,5 kg Zucker
8 EL Rosenblütenblätter
(weiße Ansätze entfernen)
1 EL Rosenblütenblätter zum Beigeben
(große Blütenblätter zerkleinern)

Holzäpfel in einen Einmachtopf geben
und knapp mit Wasser bedecken. Zum
Kochen bringen, etwa 30–40 Minuten
köcheln, bis die Äpfel weich und
breiig sind. In ein Musselinsäckchen
gießen und 1 Tag oder über Nacht in
eine große Schüssel filtern. Den Saft
abmessen und ca. 450 g Zucker pro
600 ml Saft zugeben. In einem Topf
aufkochen, die in ein Musselintuch
gebundenen Blütenblätter zugeben.
Etwa 20 Minuten kochen, bis die
Flüssigkeit stockt. Dann die Rosenblüten und den Schaum von der Oberfläche entfernen. Die restlichen
(zerkleinerten) Rosenblätter einrühren. Das Gelee in warme, sterilisierte Gläser füllen und verschließen,
während sie noch heiß sind. Zum
Abschluß die Gläser beschriften.

ROSENBISKUIT MIT ROSENWASSERGLASUR UND KANDIERTEN ROSENBLÜTEN

Rosenwasser ist im Fachhandel oder
in Drogerien erhältlich.

100 g weiche Butter
100 g Kristallzucker
2 EL Rosenblütenblätter
(weiße Ansätze entfernen)
2 große Eier
*100 g mit Backpulver vermischtes,
gesiebtes Mehl*
1 TL Backpulver
4 Tropfen Rosenwasser
Backofen auf 160 °C
(Gas: Stufe 3) vorheizen

Butter und Zucker schaumig rühren,
Rosenblütenblätter, Eier, Mehl,
Backpulver und Rosenwasser zugeben.
Mit einem Kochlöffel oder Mixer
glattrühren. In eine gefettete Form
mit 20 cm Durchmesser füllen und

35–40 Minuten backen. Der Biskuit-
boden ist fertig, wenn er aufgegangen
ist, sich fest anfühlt und vom Rand
löst. Abkühlen lassen.

Füllung
100 g Butter
200 g Puderzucker
1–2 EL Rosenwasser

Butter schaumig rühren, nach und
nach den Puderzucker einrühren.
Gerade so viel Rosenwasser zugeben,
daß die Füllung fest ist, sich aber noch
verteilen läßt.

Rosenwasserglasur
250 g Puderzucker
2–4 EL Rosenwasser

Puderzucker in eine Schüssel sieben.
So viel Rosenwasser einrühren, daß die
Glasur dick genug ist, um den Löffelrücken zu bedecken. Über den Biskuit
gießen und mit kandierten Rosenblü-
tenblättern (siehe S. 142) dekorieren.

Rosmarinus officinalis
ROSMARIN
❖

Immergrüner Strauch, 75 cm–1,5 m hoch. Aromatisch duftende, hellblaue Blüten im Sommer. Stark duftende, nadelähnliche, dunkelgrüne Blätter.

Die nadelähnlichen Blätter des Rosmarin kennen die meisten von Ihnen, aber ich bin sicher, vielen sind die geschmacklichen Vorzüge der Blüten noch fremd. Sie sind zu Tomaten- und Kürbisgerichten oder zu Lamm ein wahrer Genuß. Es gibt viele verschiedene Arten, *Rosmarinus officinalis* ‚Benenden Blue‘, mit dunkelblauen Blüten, *Rosmarinus officinalis* ‚Majorca Pink‘, mit rosaroten Blüten, und der Bodendecker *Rosmarinus officinalis*, mit zartblauen Blüten.

TOMATENSUPPE MIT ROSMARIN

Für 4 Personen
1 große Zwiebel, gehackt
50 g Butter
¾ kg Tomaten, gehäutet
und geschnitten
600 ml Gemüse- oder Hühnerbrühe
2 Zweige Rosmarin (2,5 cm lang)
Salz und Pfeffer, frisch gemahlen
1 Prise brauner Zucker
2 EL Rosmarinblüten
(grüne Teile entfernen)

ANBAU
DURCH AUSSAAT
Nur *Rosmarinus officinalis* kann aus Samen gezogen werden. Er braucht eine Bodenwärme von 27–32 °C. Im Frühjahr in Saatschalen oder Torftöpfe säen, nach der Keimung nicht übermäßig gießen. Die jungen Rosmarinpflanzen zuerst in Töpfe vereinzeln, dann in den Garten setzen.

DURCH STECKLINGE
Im Frühjahr Weichholzstecklinge von den nichtblühenden neuen Trieben abnehmen, im Sommer dann die halbharte Stecklinge von den nichtblühenden Trieben entfernen.

STANDORT
IM GARTEN
Rosmarin in gut dränierte Erde an einen geschützten, sonnigen Standort setzen. Junge Pflanzen im ersten Winter schützen. Im Abstand von etwa 60–90 cm ins Freie pflanzen.

IN KÜBELN
Rosmarin ist in Terracottatöpfen ein schöner Anblick, vor allem die liegende Form. Gut dränierten Kompost verwenden. Im Winter wenig gießen, vor Frost schützen.

ERNTE
Blüten ernten, sobald sie sich öffnen. In Öl, Essig oder Butter konservieren (siehe S. 138–142).

KULINARISCHES
Nach dem Entfernen aller grünen Teile ist die ganze Rosmarinblüte eßbar. Tomatensuppe mit Rosmarinblüten schmeckt köstlich und ist unwiderstehlich für mich!

TIP
Wenn Sie in einer kühleren Gegend wohnen, Rosmarin nie im Herbst zurückschneiden, da er durch Frost ihn beschädigt werden kann.

Zwiebel schälen und hacken. Butter in einer Pfanne schmelzen, Zwiebeln glasig werden lassen. Tomaten zugeben, ein paar Minuten umrühren und die warme Brühe zugießen. Die 2 Rosmarinzweige hinzugeben, zum Kochen bringen und 20 Minuten köcheln lassen. Mit Salz, Pfeffer und Zucker abschmecken. Dann in der Küchenmaschine kurz pürieren. Die Suppe nochmals abschmecken und erhitzen, aber nicht mehr kochen. Mit Blüten bestreut anrichten und servieren.

KURZGEBRATENES LAMM MIT GRÜNEN BOHNEN UND ROSMARIN

Für 4–6 Personen

Sesamöl zum Braten
1 große Zwiebel, in Ringe geschnitten
650g mageres Lamm, gewürfelt
1 TL Rosmarinblätter,
fein gehackt
250g grüne Bohnen
1 EL Rosmarinblüten
(grüne Teile entfernen)

Das Öl in einem Wok oder in einer beschichteten Pfanne erhitzen und unter ständigem Rühren die Zwiebeln weichdünsten. Unter weiterem Rühren das Lamm und die Rosmarinblätter zugeben, nach 3–4 Minuten folgen die grünen Bohnen. Wiederum 3 Minuten braten. Nun die Rosmarinblüten mit dem Fleisch und den Bohnen vermengen und anrichten.

Zu diesem schmackhaften Lammgericht passen gekochter Reis und gut gewürzter grüner Salat.

Salvia officinalis
SALBEI

❖

Winterharter Halbstrauch, 60 cm hoch. Aromatische, violette/blaue Blüten im Sommer. Duftende, ovale Blätter.

Die aromatischen Blätter des Salbeis wurden schon immer zum Konservieren von Lebensmitteln genutzt. Seine Blüten schmecken ähnlich, doch etwas süßlicher, und sind eine pikante Ergänzung zu Reis, Fleisch, Ente und kurzgebratenen Gerichten. Eine besondere Sorte ist *Salvia sclarea*, der Muskatellersalbei (zweijährig), mit höchst dekorativen, blühenden Hochblättern in Blau/Violett/Lila und Creme. Sie schmecken besonders aromatisch und bilden durch ihre Pastelltöne einen hübschen Kontrast zu Salaten. Ganz anders, als die zuvor erwähnte Sorte, ist *Salvia elegans* ‚Scarlet pineapple', Ananassalbei (weich, zweijährig), mit leuchtendroten Blüten, die süßer schmecken. Er schmeckt köstlich zu Fisch und Salaten.

TIP

Wenn Salbei im Topf oder geschützt gezogen wird, ist er leicht anfällig für Rote Spinnmilben. Bemerken Sie fleckige Blätter, suchen Sie mit einem Vergrößerungsglas nach kleinen, roten Spinnen. In diesem Fall mit flüssiger Spezialseife behandeln.

ANBAU
DURCH AUSSAAT
Nur *Salvia officinalis* und *Salvia sclarea* können erfolgreich aus Samen gezogen werden. In Saatschalen oder Torftöpfe säen. 15–21 °C Bodenwärme sind hilfreich.

DURCH STECKLINGE
Bei mehrjährigen Pflanzen im Frühjahr Weichholzstecklinge von nichtblühenden neuen Trieben abnehmen.

STANDORT
IM GARTEN
In gut dränierte Erde an einen warmen, trockenen Platz setzen. Die Samen können im Frühjahr, wenn die Frostgefahr vorüber ist, direkt in die Erde gesät werden. Samen im Abstand von 23 cm aussäen und nach dem Keimen auf 45 cm auslichten.

IN KÜBELN
Salbei gedeiht gut in Töpfen und Kübeln, solange der Kompost gut dräniert ist. Im Winter kaum gießen und vor Frost schützen.

ERNTE
Blüten, sobald sie sich öffnen, pflücken. Ideal für Blütenöle oder Essig (siehe S. 142). Muskatellersalbeiblüten schmecken köstlich in Butter (siehe S. 138). Kandierte Ananassalbeiblüten schmecken herrlich und sehen toll aus (siehe S. 142).

KULINARISCHES
Nach dem Entfernen sämtlicher grünen Teile und des Stengels sind alle Salbeiblüten eßbar. Sie schmecken sehr unterschiedlich. Kosten Sie sie zuerst, bevor Sie sie einem Gericht beigeben und gehen Sie sparsam damit um, denn sie sind sehr intensiv!

CHAMPIGNONSALAT MIT SALBEIBLÜTEN

Für 4 Personen
250 g junge Champignons, geputzt
2 Salbeiblätter, fein gehackt
1 Knoblauchzehe, fein gehackt
2 Schalotten, fein gehackt
15 Salbeiblüten (ohne grüne Teile)

Salatdressing
4 EL Olivenöl
1 EL Salbeiessig
½ TL Zitronensaft
Salz und Pfeffer, frisch gemahlen

Champignonköpfe von Stielen befreien
und in feine Scheiben schneiden. In
einer Schüssel mit Salbeiblättern,
Knoblauch und Schalotten vermengen.

Für das Dressing Öl, Essig und
Zitronensaft verrühren und mit Salz
und Pfeffer abschmecken. Über die
Champignons träufeln, mit Blüten
bestreuen und vermengen.

Sofort servieren, sonst saugen sich
die Pilze mit Öl voll und die Blüten
verfärben sich.

MUSAKTELLERSALBEI-BEIGNETS

Für 2 Personen
Teig
100 g glattes Mehl
½ TL Salz
2 EL Sonnenblumenöl
150 ml warmes Wasser
1 Eiweiß

12 Hochblätter von Muskatellersalbei
12 Muskatellersalbeiblätter
Frisches Öl zum Fritieren
Kristallzucker
1 EL Muskatellersalbeiblüten
(von den Hochblättern gezupft)

Den Teig sollten Sie etwas früher
zubereiten: Mehl in eine Schüssel
sieben, salzen, Öl einrühren und mit
genügend warmem Wasser vermischen,
damit eine dickflüssige Mischung
entsteht. Mit einem feuchten Tuch
oder Frischhaltefolie bedeckt 1 oder
2 Stunden stehenlassen. Kurz bevor
Sie den Teig benötigen, Eiweiß in einer
extra Schüssel steif schlagen und unter
den Teig heben.

Hochblätter und Blüten abspülen,
trockenschütteln und auf einem
Küchentuch trocknen. Je ein Hoch-
blatt in ein Salbeiblatt rollen und in
den Teig tauchen. Den überschüssigen
Teig abtropfen lassen und die Blätter
in eine große Pfanne mit erhitztem
Öl fritieren. Dabei sollten sich die
Beignets in der Pfanne möglichst
nicht berühren. Wenn sie fertig-
gebacken sind, auf Küchenpapier
abtropfen lassen und auf vorgewärmten Tellern anrichten. Sobald
alle Beignets fritiert sind, diese mit
Zucker und Blüten bestreuen und
sofort servieren.

Sambucus nigra
SCHWARZER HOLUNDER

❖

Laubabwerfender, winterharter Busch, 6–7 m hoch. Süßlich duftende, flache Dolden mit kleinen, sternförmigen, cremeweißen Blüten im späten Frühjahr und im Frühsommer. Mittelgrüne, ovale, fünfteilige Blätter.

Holunderblüten finden in der Küche immer häufiger Verwendung. Holunderblütenlikör, den man auch fertig kaufen kann, schmeckt köstlich an einem heißen Sommertag. Die rahmweißen Blüten sind für mich etwas ganz Besonderes, denn sie waren die ersten Blütenbeignets, die ich gegessen habe. Mit Zitrone ergeben sie ein delikates Sorbet, sie passen gut zu Stachelbeeren, Johannisbeeren und Himbeeren. Die Blüten von *Sambucus nigra* ,Aurea', dem goldfarbenen Holunder, werden ebenso verwendet.

ANBAU
DURCH AUSSAAT
Reife Beeren im Herbst 2 cm tief in Töpfe säen. Mit Plastikfolie oder Glas abdecken und draußen überwintern. Sämlinge umtopfen, sobald sie robust genug sind. Den ersten Winter im kühlen Gewächshaus lassen, im nächsten Frühjahr auspflanzen.

DURCH STECKLINGE
Im Sommer halbharte Stecklinge von den nichtblühenden, neuen Trieben abnehmen. Im Frühbeet oder im kühlen Gewächshaus überwintern. Während des Frühjahrs im Topf ziehen, dann in den Garten setzen.

STANDORT
IM GARTEN
Holunder wächst schnell, er wird in einem Jahr bis zu 120 cm hoch. Wenn Sie ihn nicht schneiden, wird er zu groß. Rückschnitt im Spätherbst und im Frühjahr, bevor er austreibt. Er begnügt sich mit fast jeder Erde, bevorzugt aber Sonne.

IN KÜBELN
Die niederen Arten, etwa *Sambucus nigra* ,Aurea', der goldfarbene Holunder, sind in Terracottatöpfen ein schöner Anblick. Etwas in den Schatten stellen, damit die Blätter nicht verbrennen.

ERNTE
Blüten pflücken, wenn sie cremefarben sind. Weiße Blüten schmecken weniger frisch. Die Blütendolden dürfen nicht verletzt werden. Zum Trocknen mit den Köpfen nach unten auf ein feines Nylonnetz oder einen Rahmen auflegen, ohne daß sich die Blüten berühren. So behalten sie ihre schöne Farbe. Sie können die Blüten auch in Essig oder Öl konservieren (siehe S. 142).

KULINARISCHES
Blütendolden ganz ernten. Nach Insekten untersuchen und die Blüten von den Stielen zupfen. Die Stiele schmecken oft bitter und können süße Gerichte verderben.

TIP
Wenn Sie im Herbst Holunderbeeren essen möchten, müssen sie leicht vorgekocht werden, damit das Anthocyanidin abgebaut wird, Sie könnten sich sonst den Magen verderben.

STACHELBEER-HOLUN-DERBLÜTEN-STREUSEL

Für 6 Personen
1 kg Stachelbeeren
200 g Kristallzucker
2 EL Holunderblüten
(in einzelne Blüten zerpflückt)

Streusel
100 g weicher, brauner Zucker
¼ TL Gewürzmischung
250 g glattes Mehl
100 g Butter
Backofen auf 180 °C
(Gas: Stufe 4) vorheizen

Für die Streusel Zucker, Gewürz und Mehl vermengen und Butter einarbeiten, bis die Mischung krümelig wird. Stachelbeeren putzen, in eine hitzebeständige Form geben, Zucker und Holunderblüten darüberstreuen, mit der Streuselmischung bedecken und mit einer Gabel verteilen. 30–40 Minuten im Ofen backen, bis die Streusel goldbraun sind.

HOLUNDERBLÜTEN-HIMBEER-TORTE

Wenn Sie französische Patisserien schätzen, ist dieses Rezept genau das Richtige für Sie. Sie benötigen eine Ringform mit 18–20 cm Durchmesser.

Mürbeteig
200 g glattes Mehl
1 Prise Salz
150 g Butter
1 EL Zucker
1 Eidotter
2 EL Wasser
Backofen auf 200 °C
(Gas: Stufe 6) vorheizen

Füllung
500 g Himbeeren

Glasur
4 EL Rotes Johannisbeergelee
1 EL Holunderblüten

Machen Sie zuerst den Teig: Mehl und Salz in eine Rührschüssel sieben. Die Butter in kleinen Stückchen auf dem Mehl verteilen, dann den Zucker einarbeiten. Eigelb mit Wasser vermischen. In die Mehlmischung eine Mulde drücken, Ei und Wasser hineingießen und alles schnell zu einem festen Teig verarbeiten. Auf einem bemehlten Brett glattkneten. In Frischhaltefolie einwickeln und mindestens 30 Minuten kalt stellen. Den Teig ausrollen und die Tortenform damit auslegen. Etwa 25 Minuten im Ofen blind backen. Anschließend abkühlen lassen. Dann den Tortenboden mit Himbeeren bedecken. Für die Glasur das Johannisbeergelee langsam erhitzen, bis es flüssig wird. Nicht kochen lassen. Die Beeren mit dem Gelee von der Mitte nach außen hin bestreichen. Zum Schluß mit Holunderblüten bestreuen und kalt stellen.

Taraxacum officinale
LÖWENZAHN

❖

Mehrjährig, 15–23 cm hoch. Große, leuchtendgelbe Blüten von Frühjahr bis Herbst. Längliche, gezackte Blätter.

Wäre der Löwenzahn selten oder schwer zu ziehen, würde er als Salatpflanze, als Heilkraut oder einfach nur seiner attraktiven süß duftenden Blüten wegen sehr geschätzt. Statt dessen wird er eher als Plage betrachtet. Wie gut, daß man seine Blüten essen kann! Sie schmecken bittersüß. Löwenzahnblüten eignen sich besonders für Salate und zur Herstellung eines ausgezeichneten Weins.

ANBAU

DURCH AUSSAAT

Diese Pflanze sollte man einjährig ziehen, damit sie nicht bitter wird. Im Frühjahr in Töpfe oder Torftöpfe säen, nur leicht mit Erde bedecken. Wegen ihrer Pfahlwurzeln keine Saatschalen verwenden. Die Keimung dauert 3–6 Wochen.

STANDORT

IM GARTEN

Nicht empfehlenswert! Wenn Sie dennoch Löwenzahnsalat ernten möchten, säen Sie nicht direkt in die Erde, sondern pflanzen Sie die Sämlinge zu Frühlingsbeginn aus den Töpfen in einem Abstand von 30 cm aus. Im Frühsommer alle samenbildenden Blütenköpfe entfernen, damit sie sich nicht im ganzen Garten verbreiten.

IN KÜBELN

Löwenzahn sieht sehr hübsch in Blumenkästen oder Töpfen aus, die genug Platz für seine Pfahlwurzeln

bieten. Vielleicht sollten Sie Ihre Nachbarn mit einem Glas Löwenzahnwein überzeugen!

ERNTE

Blüten erst pflücken, wenn Sie benötigt werden. Frisch verwenden. Sie schließen sich nach dem Pflücken, legen Sie sie deshalb in etwas Wasser, und streuen Sie sie kurz vor dem Servieren über den Salat.

KULINARISCHES

Bei dieser Pflanze kann die ganze Blüte gegessen werden. Schneiden Sie sie knapp unterhalb des Kopfes ab, und entfernen Sie den Stengel und alle grünen, buschigen Teile (Kelchblätter). Die Blüten passen zu einem Salat mit Löwenzahnblättern und Speckwürfeln. Möchten Sie fritierten Löwenzahn probieren? Braten Sie die Blüten einfach in etwas Butter – fertig! Sie schmecken köstlich und machen aus einem gewöhnlichen Frühstück oder Sommersalat etwas ganz Besonderes.

TIP

Wenn Sie von einer Wiese Löwenzahn pflücken wollen, holen Sie sich die Erlaubnis des Bauern (schenken Sie ihm eine Flasche Löwenzahnwein dafür). Fragen Sie ihn, ob er die Wiese ganz sicher nicht mit Chemikalien gespritzt hat!

LÖWENZAHNWEIN

Dies ist ein ländliches Rezept. Den Wein sollten Sie 1 Jahr ruhen lassen, dann schmeckt er hervorragend. Die Blüten müssen frisch und traditionellerweise am 23. April, dem Tag des Heiligen Georg, gesammelt werden. Wichtig ist, sie bei Sonnenschein bzw. mittags zu pflücken, wenn die Blüten offen sind. Die Blüten sollten Sie sofort verarbeiten.

Ergibt 4 Flaschen
3,5 l Löwenzahnblüten
(ganze Köpfe, nicht nur Blütenblätter)

4,5 l kochendes Wasser
2 Zitronen
1 Orange
1,4 kg Zucker
1 TL Weinhefe
1 TL Hefenährsalz
(in Drogerien erhältlich)
450 g Sultaninen

Möglichst alle grünen Teile (Stengel usw.) von den Blüten entfernen, Blütenköpfe ganz lassen. Gesäuberte Löwenzahnblüten in einer großen Schüssel (kein Metallgefäß) mit kochendem Wasser begießen. Mit einem Deckel oder mit Frischhaltefolie zudecken und 3 Tage stehenlassen, einmal täglich umrühren. Am vierten Tag Wasser und Löwenzahnköpfe mit Zitronen- und Orangenschalen in einen großen Topf, z.B. einen Einmachtopf, gießen. Zucker zugeben, zum Kochen bringen und unter Rühren auflösen. 1 Stunde kochen, ab und zu umrühren. Mischung wieder in die Schüssel füllen, Saft und Fruchtfleisch der Zitronen und Orange zugeben. Abkühlen lassen, dann die Hefe und das Nährsalz zugeben. Zudecken und weitere 3 Tage an einem warmen Ort stehenlassen. Nun die Flüssigkeit in Gärflaschen umfüllen und die Sultaninen darin verteilen. Bis zum Ende der Gärung sollten Sie Gäraufsätze anbringen. Löwenzahnwein abfüllen, sobald er klar wird. Aprilwein können Sie zu Weihnachten trinken. Wenn Sie ihm noch weitere 6 Monate Zeit lassen, schmeckt er noch besser.

LÖWENZAHN-SPECKSALAT

Für 4 Personen
250 g junge Löwenzahnblätter
1 EL Löwenzahnblütenblätter
100 g durchwachsener Speck
2 ganze Löwenzahnblüten
zum Garnieren

Salatdressing
150 ml Joghurt
1 EL Sonnenblumenöl
2 TL Weißweinessig
1 TL körniger Senf

Löwenzahnblätter und -blüten waschen und trocknen. Blätter in eine Salatschüssel zerpflücken und die Löwenzahnblütenblätter zugeben. Für das Dressing alle Zutaten gründlich verrühren. Speck unter einem heißem Grill knusprig braten, einmal wenden. In schmale Streifen schneiden und über den Löwenzahn streuen. Dressing darüberträufeln, unterheben und anschließend mit den ganzen Blüten garnieren.

Thymus vulgaris & spp.

THYMIAN

❖

Kriechender Halbstrauch, 10–30 cm hoch. Im Sommer winzige,
an den Triebspitzen wachsende rosarote, rote, violette oder weiße Blüten.
Aromatische, grüne oder panaschierte Blättchen.

Es gibt so viele Thymianarten, daß ich irgendwann aufgehört habe, sie zu zählen. Sie eignen sich gut zum Sammeln – ich habe bereits über 35 Arten. Der süße Geschmack der Blüten ergänzt den der Blätter optimal. Gehen Sie nicht zu großzügig damit um, denn sie sind sehr pikant. Sie passen gut zu Fleisch, vor allem Lamm, Fisch und Gemüsegerichten, insbesondere zu Tomaten. Einige Arten sind besonders empfehlenswert: *Thymus* x *citriodorus*, Zitronenthymian, *Thymus longicaulis*, der nach Pinien duftet, *Thymus* x *citriodorus* ‚Fragrantissimus‘, mit Orangenaroma, und der nach Kampfer riechenden *Thymus camphoratus*.

ANBAU

DURCH AUSSAAT

Im allgemeinen ist es besser, Thymian aus Stecklingen zu ziehen, mit Ausnahme von *Thymus vulgaris*, dem Gartenthymian, und *Thymus praecox* ssp. *arcticus*, dem wild kriechenden Thymian. Die feinen Samen in Saatschalen oder Torftöpfe säen, nicht abdecken. Bodenwärme von 15–21 °C beschleunigt das Keimen.

DURCH TEILUNG

Kriechende Thymianarten können im Frühjahr durch Teilung vermehrt werden. Das begünstigt die Bildung neuer Triebe, und sie verholzen nicht so stark.

DURCH STECKLINGE

Zu Frühlingsbeginn oder im Sommer Weichholzstecklinge von den neuen Trieben abnehmen.

STANDORT

IM GARTEN

Sobald sich die Erde erwärmt und kein Frost mehr droht, im Garten auspflanzen. Säen Sie direkt in den Garten, müssen Sie die Sämlinge auf etwa 20 cm auslichten, sobald sie robust genug sind.

IN KÜBELN

Alle Thymianarten gedeihen gut in Töpfen. Der Kompost muß nährstoffarm und gut dräniert sein. Verwenden Sie zu reichhaltigen Kompost, bilden sich keine Blüten und die ganze Energie geht in die Produktion von Blättern, die dann weniger gut schmecken. Nach dem Umtopfen an einen sonnigen Platz stellen.

ERNTE

Die kleinen Blüten pflücken, sobald sie sich öffnen, aber erst kurz bevor sie benötigt werden. Sie eignen sich hervorragend zur Langzeitkonservierung in Ölen und Essig (siehe S. 142). Ich schwöre auf Thymianblütenbutter (siehe S. 138), die köstlich schmeckt, wenn man frisch gekochtes Gemüse darin schwenkt.

KULINARISCHES

Thymianblüten passen zu allen Gerichten mit Tomaten oder zu Käsegerichten. Auch Hüttenkäse läßt sich damit verfeinern. Die Blüten schmecken sehr intensiv!

TIP

Thymian sollte nach der Blüte zurückgeschnitten werden. So blüht er wieder und verholzt weniger stark.

FORELLE VOM GRILL MIT THYMIANBLÜTEN

Für 4 Personen
4 Forellen, ausgenommen
und gewaschen
4 Thymianzweige (Blätter und Stiel),
mit Zitronen-, Orangen- oder
Pinienaroma
Thymianblütenbutter
2 EL Thymianblüten ohne Stiele

In jede Forelle einen Thymianzweig legen und zum Braten auf den Grill legen. Auf der oberen Seite etwas Thymianbutter verteilen und 10 Minuten braten. Die Forellen wenden, nochmals mit Butter einstreichen und fertigbraten. Sobald die Forellen gar sind, mit je einem Eßlöffel Blüten bestreut servieren. Dazu passen grüner Salat und Folienkartoffeln.

DIP MIT THYMIANBLÜTEN UND AUBERGINEN

Für 6–8 Personen
1 große Aubergine, geschält
2 EL Olivenöl
500 g Joghurt
1 EL Thymianblätter, fein gehackt
2 Knoblauchzehen, gepreßt
2 EL Orangensaft
Salz und Pfeffer, frisch gemahlen
1 EL Thymianblüten

Aubergine in kleine Würfel schneiden, in ein Sieb legen, salzen und 30 Minuten ziehen lassen. Mit kaltem Wasser abspülen und trockentupfen.

Olivenöl in einer Bratpfanne erhitzen. Die Würfel 8–10 Minuten braten, gelegentlich wenden, bis sie weich und goldbraun sind. Nun die Würfel vom Herd nehmen und in der Küchenmaschine mit Joghurt, Thymianblättern, Knoblauch und Orangensaft fein pürieren. Mit Salz und Pfeffer abschmecken. In eine Schüssel füllen und mit der Hälfte der Thymianblüten verrühren. Zudecken und im Kühlschrank kalt stellen. Vor dem Anrichten mit den restlichen Thymianblüten bestreuen. Dieser Dip schmeckt fein zu heißem, getoasteten Pitta-Brot.

Trifolium pratense
WIESENKLEE, ROTKLEE

❖

Winterfest, mehrjährig, 10−40 cm hoch. Die winzigen, roten, erbsenförmigen Blüten wachsen den ganzen Sommer in runden/ovalen Dolden. Die großen, ovalen Blätter sind oft mit weißen Linien verziert.

Sind Sie schon einmal im Sommer im Gras gelegen und haben die Hummeln beobachtet, wie sie sich am Klee ergötzen, oder sind Sie durch eine kniehohe Kleewiese geschlendert, haben die Blüten gepflückt und den süßen Nektar herausgesaugt? Wenn ja, dann pflichten Sie mir sicherlich bei, daß Kleeblüten in diesem Buch sehr wohl ihre Berechtigung haben. Sie sind in süßen und pikanten Salaten oder in Gemüsegerichten ein wahrer Genuß. Es gibt viele Kleearten, die eßbar sind. *Trifolium repens*, Weißklee (mehrjährig), ist eine kriechende Varietät, *Trifolium incarnatum*, Inkarnatklee (einjährig), hat behaarte Stengel und eine tiefrote Blüte, wobei die Blütendolde ovaler ist, als bei den anderen Arten. Er wird meist als Viehfutter angebaut, aber auch an Straßenrändern ist diese Kleeart kein ungewöhnlicher Anblick.

TIP
Die Wirkung des Klees als Schlafmittel ist von jeher bekannt.

ANBAU
DURCH AUSSAAT
Wiesenklee kann aus Samen gezogen werden. Sie sollten die Samen jedoch zwischen Sandpapier reiben, durch diese Hautritzung wird die Keimung angeregt. Samen in Saatschalen oder Torftöpfe säen; in die Erde drücken, aber NICHT bedecken.

STANDORT
IM GARTEN
Trifolium pratense ist die ursprüngliche, wilde Form des Wiesenklees. Hüten Sie sich vor den weit häufigeren Nutzsorten, die den Garten überwuchern können. Wiesenklee bevorzugt gut dränierte, leicht feuchte Erde, toleriert aber auch relativ trockenen Boden.

IN KÜBELN
Wollen Sie einen Topf mit bunten Wiesenblumen bepflanzen, dann darf Rotklee in Begleitung von Stiefmütterchen und Löwenzahn nicht fehlen.

ERNTE
Die ganzen Blütenköpfe pflücken, bevor sie ausbleichen. Sie lassen sich nicht gut konservieren und sollten frisch verwendet werden.

KULINARISCHES
Sie können die einzelnen Blüten abzupfen, dann schmeckt Rotklee am intensivsten. Alle grünen Teile entfernen! Streuen Sie die Blüten kurz vor dem Servieren auf Salate oder Gemüsegerichte.

ARTISCHOCKENHERZEN MIT GURKENSAUCE UND KLEEBLÜTEN

Für 4 Personen
60 g Butter
50 g glattes Mehl
450 ml Milch
150 ml Schlagsahne
(oder Crème fraîche)
1−2 Tropfen Tabasco
1 EL Dill, gehackt
1 Salatgurke, gewürfelt, geschält oder ungeschält (nach Belieben)
Salz und Pfeffer, frisch gemahlen
4 Artischockenherzen, frisch oder aus der Dose, halbiert
1 knackiger Salat, zerpflückt
6 Kleeblütenköpfe, in einzelne Blüten zerpflückt (grüne Teile entfernen)

Butter in einer Pfanne schmelzen. Mehl darin unter ständigem Rühren 2 Minuten bräunen. Nach und nach Milch, Sahne, Tabasco und Dill einrühren. Die gewürfelte Gurke zugeben und ein paar Minuten dünsten. Mit Salz und Pfeffer abschmecken. Artischockenherzen zugeben. Salatblätter auf Tellern anrichten und je einen Löffel der Mischung in die Mitte geben. Auf jedem Teller sollte ein Artischockenherz sein. Mit Kleeblüten bestreuen und sofort servieren.

GRÜNE UND GELBE ZUCCHINI MIT ROTEN KLEEBLÜTEN

Für 4 Personen
2 grüne Zucchini
2 gelbe Zucchini
1 gestrichener EL Olivenöl
1 Knoblauchzehe, gepreßt
Salz und Pfeffer, frisch gemahlen
2 EL Kleeblüten,
in einzelne Blüten gezupft

Zucchini waschen, Stielansätze abschneiden. In einem großen Topf etwa 4 Minuten in Wasser kochen. Zucchini vom Herd nehmen, abgießen und in Scheiben schneiden. Olivenöl in einer Pfanne erhitzen, Knoblauch und Zucchini leicht anbraten und abschmecken. Das Gemüse auf einem Servierteller anrichten, mit Kleeblüten bestreuen und servieren.

Tropaeolum majus
KAPUZINERKRESSE
❖

Winterhart, einjährig, etwa 30 cm hoch. Rote, orangefarbene und gelbe Blüten von Sommer bis Frühherbst. Runde, mittelgrüne Blätter.

Der Brauch, die Blütenblätter dieser fröhlichen, dekorativen Pflanze zu essen, stammt aus dem Orient. Die Blüten riechen leicht und schmecken stark nach Pfeffer, was gut zu Frischkäse, Salaten, Gemüse und Kartoffeln paßt. Es gibt viele interessante Sorten, etwa *Tropaelomums majus* ‚Alaska‘, mit cremeweiß panaschierten Blättern und roten, orangefarbenen und gelben Blüten, oder *Tropaeolum majus* ‚Empress of India‘, mit dunkelroten Blüten. Die Blüten sehen in grünem Salat schön aus.

ANBAU
DURCH AUSSAAT
Die großen, robusten Samen zu Frühlingsbeginn direkt in vorbereitete Töpfe oder Torftöpfe säen. Am besten leicht mit einer Kompostschicht bedecken. Frühe Aussaat vor Kälte und Frost schützen. Man kann Kapuzinerkresse auch einzeln im Abstand von 20 cm direkt in den Garten säen, sobald die Frostgefahr vorüber ist und sich die Erde zu erwärmen beginnt.

STANDORT
IM GARTEN
Kapuzinerkresse bevorzugt gut dränierten, nährstoffarmen Boden, pralle Sonne oder Halbschatten. Bei fruchtbarer Erde produziert sie viele Blätter, was auf Kosten der Blüten geht.

IN KÜBELN
Diese Pflanze ist sehr dekorativ in Töpfen, Ampeln und Blumenkästen. Ich möchte nochmals betonen, daß sich zu nahrhafter Kompost negativ auf die Blüte auswirkt.

ERNTE
Blüten pflücken, sobald sie sich öffnen. Sie lassen sich nur frisch verwenden.

KULINARISCHES
Durch ihren pfeffrigen Geschmack passen sie gut zu Salaten, besonders mit Vinaigrette-Dressing. Auch mit Frischkäse, Kartoffeln oder Crème fraîche schmecken sie fein.

TIP
Schädlinge können bei der Kapuzinerkresse problematisch werden, vor allem Blattläuse und Raupen. Bei leichtem Befall mit einem Schlauch abspritzen, bei starkem mit Spezialseife behandeln. Herstellerhinweise beachten!

KAPUZINERKRESSE MIT NEUEN KARTOFFELN

Dieses Rezept ist sehr einfach und kann gut mit restlichen Kartoffeln gemacht werden. Sie können jede Kapuzinerkresse verwenden, doch das tiefe Rot der ‚Empress of India‘ ist der schönste Kontrast.

Für 4 Personen
6 Blüten (‚Empress of India‘)
250 g neue Kartoffeln (gekocht und abgekühlt)
6 junge Blätter (‚Empress of India‘)
2 ganze Blüten zum Garnieren

Salatdressing

1 EL Weißweinessig

3 EL Olivenöl

1 Prise brauner Zucker

1 TL Dijon-Senf

Salz und Pfeffer, frisch gemahlen

Für das Dressing Essig, Öl, Zucker
und Senf verrühren und abschmecken.
Blütenblätter abzupfen und zum
Dressing geben. Kartoffeln schneiden,
Kapuzinerkresseblätter hacken
und mit den Kartoffeln in einer
Schüssel vermengen. Kurz vor dem

Anrichten das Dressing darüberträufeln und unterheben. Mit ganzen
Blüten garnieren.

KAPUZINERKRESSESALAT

Für 4 Personen

6 Kapuzinerkresseblüten

(nur die Blütenblätter)

6 junge Kapuzinerkresseblätter

(‚Alaska‘)

2 EL Rucolablätter

1 knackiger Salat, gewaschen

und zerteilt

5 ganze Kapuzinerkresseblüten

Salatdressing

1 EL Weißweinessig

3 EL Olivenöl

1 Knoblauchzehe, gepreßt

1 TL Dijon-Senf

Blütenblätter, Kresse- und Rucolablätter und Salat in einer Schüssel vermengen. Für das Dressing alle Zutaten
gut verrühren und über den Salat
träufeln. Mit ganzen Blüten bestreuen.

131

Valeriana officinalis
BALDRIAN
❖

Winterharte Staude, 1–1,2 m hoch. Süß duftende, weißliche/rosarote
Blütendolden im Sommer. Mittelgrüne, stark gefiederte Blätter.

Die in Dolden wachsenden Blüten, die man oft an Flußufern oder in
Feuchtgebieten findet, haben einen lieblichen, warmen, moschusartigen
Duft, der im Sommer in der Luft liegt. Ganz im Unterschied zu den Wur-
zeln, die sehr unangenehm riechen. Baldrianblüten sind aromatisch und
schmecken besonders zu pikanten Früchten, wie Nektarinen, Bananen und
Passionsfrüchten. Verwechseln Sie bitte die *Valeriana officinalis* nicht mit
der Spornblume, *Centhranthus ruber* (Abbildung rechts unten), die in
Küstengebieten wächst und nicht eßbar ist.

ANBAU
DURCH AUSSAAT
Samen im Frühjahr in Saatschalen
oder Torftöpfe säen. In den Kompost
drücken, aber NICHT bedecken.
Sind die Pflanzen nach dem Keimen
robust genug, im Abstand von 60 cm
ins Freie pflanzen.

STANDORT
IM GARTEN
Pflanzen Sie Baldrian an einen Ort,
an dem seine Wurzeln kühl bleiben,
etwa in Wassernähe. Er ist äußerst
anspruchslos. Katzen lieben den
Geruch von Baldrianwurzeln und
kommen Ihnen beim Ausgraben
mitunter zuvor.

IN KÜBELN
Es ist nicht empfehlenswert, Baldrian im Topf zu ziehen, da er ziemlich
groß wird und seine Wurzeln im
Sommer schnell unter der Hitze
leiden können.

ERNTE
Blüten am besten doldenweise
pflücken, sobald sie sich öffnen. Sie
lassen sich nicht gut konservieren,
verwenden Sie sie lieber frisch.
Entfernen Sie alle grünen Teile von
den Blüten, bevor Sie sie essen.

KULINARISCHES
Baldrianblüten haben ein moschus-
artiges Aroma und passen gut zu
Früchten. Ich aß sie zum ersten Mal
mit gegrillten Bananen in der Schale.
Wenn die Bananen gar sind, werden
sie halbiert und mit Baldrianblüten
bestreut – sie schmecken köstlich. Sie
finden das Rezept – leicht abgewandelt
– auf Seite 133.

TIP
In der Nähe von Gemüse, beschleunigt
Baldrian das Wachstum. Die Aktivität
der Regenwürmer wird angeregt.

SALAT AUS
BALDRIANBLÜTEN, KIWI
UND PASSIONSFRUCHT

Für 4 Personen
2 Passionsfrüchte
3 EL Apfelsaft
3 Kiwis, geschält und in Scheiben
1 EL Baldrianblüten

Passionsfrüchte halbieren, Fruchtfleisch in eine Schüssel schaben.
Mit Apfelsaft und Kiwis vermengen
und mit den Blüten bestreuen.

GEBACKENE BANANEN MIT BALDRIANBLÜTEN

Für 4–6 Perseonen
8 Bananen, geschält
10g Butter
1 EL brauner Zucker
1 EL Sherry

2 EL Baldrianblüten
Crème fraîche
Backofen auf 180 °C
(Gas: Stufe 4) vorheizen

Bananen in Scheiben schneiden und in eine hitzebeständige Form legen. Mit Butterflöckchen bedecken, mit Zucker bestreuen und schließlich mit einem Eßlöffel Sherry begießen. Die Hälfte der Blüten über die Bananen streuen, abdecken und im Ofen 15–20 Minuten backen, bis die Bananen weich sind. Aus dem Rohr nehmen, mit den restlichen Blüten bestreuen und mit Crème fraîche servieren.

Viola odorata

DUFTVEILCHEN

❖

Winterhart, mehrjährig, 7 cm hoch. Süßlich duftende, violette, rosarote oder
weiße Blüten zu Frühlingsbeginn. Grüne, herzförmige Blätter.

Ich erinnere mich noch, als Kind Pralinen mit Parmaveilchen (eine Duft-
veilchenhybride) gegessen zu haben. Sie waren mit kandierten Veilchen
dekoriert, die ich mir immer bis zum Schluß aufhob. Geschmack und Geruch sind höchst einprägsam, das Aroma wird zu Recht als parfümiert
bezeichnet, denn sie schmecken wirklich, wie sie riechen. *Viola riviniana*
und *Viola reichenbachiana*, das Waldveilchen, sind ebenfalls eßbar, be-
sitzen jedoch nicht dieses parfümierte Aroma, sondern riechen nur süßlich.
Auf grünem Salat oder Kartoffelsalat sehen sie dennoch hübsch aus!

ANBAU

DURCH AUSSAAT

Die kleinen Samen in Saatschalen oder
Torftöpfe säen. Kompost auf Erdbasis
verwenden. Gut mit Kompost bedecken und reichlich gießen. Mit Glas
oder Plastikfolie bedeckt im Freien
überwintern, damit die Samen Frost
ausgesetzt sind. Dies fördert die
Keimung (Hautritzung).

DURCH TEILUNG

Veilchen sind Ausläuferpflanzen.
Diese im späten Frühjahr entfernen
und im Garten im Abstand von etwa
30 cm verpflanzen.

STANDORT

IM GARTEN

Veilchen wachsen gerne im Wind-
schatten von Hecken und sollten daher an leicht schattige Plätze gesetzt
werden. Sie bevorzugen humusreichen
Boden. Bei lockeren Böden mit gut
verrottetem Dünger anreichern.

IN KÜBELN

Veilchen wachsen auch gern in Töpfen, solange diese im Schatten stehen.
Sie benötigen keinen Winterschutz,
sondern Kälte zum Wachsen.

ERNTE

Blüten pflücken, sobald sie sich
öffnen. Frisch verwenden bzw. in Öl,
Butter oder Essig konservieren oder
kandieren (siehe S. 138–142).

KULINARISCHES

Da man Veilchen, soviel ich weiß, immer mit Schokolade assoziiert, möchte
ich Ihnen ein Rezept für „Petits Pots
de Crème" aus dem Kochbuch meiner
Großmutter verraten: Nehmen Sie
3 Rippchen Schokolade, 600 ml Milch
und 4 Eigelb. Schokolade schmelzen,
Milch, Eier und 2 Eßlöffel Zucker
zugeben. Gut verrühren, in Förmchen
füllen und 25 Minuten im Wasserbad
kochen. Für 6 Personen. Hier die
moderne Variante:

VEILCHENSCHOKOLADE
IM TÖPFCHEN

Für 6 Personen
100 g Bitterschokolade
600 ml Milch
4 Eigelb
2 EL Kristallzucker
150 ml Schlagsahne
6 kandierte Veilchen
Backofen auf 180 °C
(Gas: Stufe 4) vorheizen

Folgen Sie den Anweisungen im neben-
stehenden Rezept bis zum Einfüllen
in die Formen. Stellen Sie die gefüllten
Töpfchen in ein Wasserbad oder in
eine tiefe, hitzebeständige Schüssel auf
ein mit gefettetem Papier bedecktes
Backblech. Im Ofen bis zum Stocken
12–15 Minuten garen. Nun die
Töpfchen herausnehmen und kalt
stellen. Mit einem Tupfer Schlagsahne
und einem kandierten Veilchen
garnieren und servieren.

SÜSSES VEILCHENSORBET

Für 4 Personen

24 Duftveilchenblüten
75 g Kristallzucker
300 ml Wasser
Saft einer großen Zitrone
1 Eiweiß
8 Duftveilchenblüten zum Dekorieren

Veilchen falls nötig waschen und mit einem Küchentuch trockentupfen. Zucker und Wasser in einer Pfanne aufkochen und rühren, bis sich der Zucker auflöst. Die 24 Veilchen zugeben, zudecken und die Herdplatte ausschalten. Veilchen 20 Minuten ziehen lassen. Ist der Geschmack nicht intensiv genug, nochmals langsam zum Kochen bringen, sofort vom Herd nehmen und weitere 5 Minuten ziehen lassen. Den Sirup in einen festen Behälter gießen, Zitronensaft einrühren und abkühlen lassen. Ob Sie die Veilchen nun entfernen oder nicht, ist eine Frage der Optik. Sie sehen etwas mitgenommen aus, meint mein Sohn. Den Sirup etwa 1 Stunde tiefkühlen, bis er halb gefroren ist. Eiweiß sehr steif schlagen und unter den halbgefrorenen Veilchensirup heben. Eine weitere Stunde tiefkühlen. Dann auf 4 Serviergläser verteilen. Die Sorbets mit frischen oder kandierten Veilchen dekorieren.

Viola tricolor
STIEFMÜTTERCHEN
❖

Winterhart, mehrjährig, oft einjährig gezogen, 15–30 cm hoch. Kleine, dreifarbige, veilchenartige Blüten von Frühjahr bis Herbst. Grüne, stark gelappte Blätter.

Die Farbskala des Stiefmütterchens reicht von Violett und Gelb bis hin zu Weiß, doch meist sind die Blüten eine Kombination aus allen 3 Farben. In der Sprache der Blumen wurde der Spruch „Denk an mich" mit dem Stiefmütterchen verbunden, der sich vom französischen Namen des Stiefmütterchens, „pensée", ableitet. Der Geschmack der Blüten erinnert an süße Veilchen – was nicht weiter überrascht, da sie mit dem Duftveilchen verwandt sind – und zarten Salat. Bei der Verwendung spreche ich hier vom Feldstiefmütterchen, die Anleitungen gelten aber auch für das Gartenstiefmütterchen, *Viola* x *wittrockiana*. Beide Blüten passen zu Salaten und sehen auf Pfirsichen oder Melonen sehr dekorativ aus.

TIP
Ein Aufguß von Feldstiefmütterchen gilt als traditionelles Heilmittel bei gebrochenem Herz!

ANBAU
DURCH AUSSAAT
Im Herbst geschützt in Saatschalen oder Torftöpfe säen. Nicht abdecken. Im Frühling abhärten und in den Garten oder in Töpfe setzen.

STANDORT
IM GARTEN
Das Stiefmütterchen wächst in allen Böden, in der Sonne oder im Halbschatten. Im Abstand von 15 cm auspflanzen. Wollen Sie direkt in den Boden säen, die Samen in die Erde drücken, aber nicht bedecken.

IN KÜBELN
Die kleinen Blumen gedeihen ideal in Kübeln, Ampeln, Blumenkästen oder Terracottatöpfen. Verwenden Sie die Blüten reichlich, und schneiden Sie

verblühte Blüten regelmäßig ab, um die Wiederblüte des Stiefmütterchens anzuregen.

ERNTE
Blumen pflücken, sobald sie ganz offen sind, von Frühjahr bis Spätherbst. Normalerweise verwendet man die Blüten frisch, doch mit ein wenig Mühe können Sie sie auch trocknen (siehe S. 146).

KULINARISCHES
Die Blüten des Stiefmütterchens schmecken sehr mild. Dafür ist die ganze Blüte einschließlich ihres Staubgefäßes eßbar, ein Vorteil, der beim Garnieren sehr nützlich sein kann. Das zarte veilchenartige Aroma des Stiefmütterchens verdrängt selbst den Geschmack milder Gerichte nicht.

ROTWEINBIRNEN MIT FELDSTIEFMÜTTERCHEN

Für 6 Personen
150 g Kristallzucker
150 ml Rotwein
Einige Streifen Zitronenschale
1 kleines Stück Zimtrinde
150 ml Wasser
6 reife Birnen, geschält,
mit Stengel und Kerngehäuse
1 TL Pfeilwurz
3–4 EL ganze
Feldstiefmütterchenblüten

Bereiten Sie einen Sirup, indem Sie Zucker, Wein, Zitronenschale, Zimtrinde und Wasser in einem großen Topf, unter gelegentlichem Umrühren,

langsam zum Kochen bringen.
1 Minute köcheln lassen. Birnen
einlegen, zudecken und etwa
20–30 Minuten dünsten, bis sie gar,
aber noch bißfest sind. Birnen
herausnehmen, Sirup durch ein Sieb
gießen. Pfeilwurz mit etwas Wasser
verrühren und zum Sirup geben.
Diesen unter ständigem Rühren
wieder erhitzen, bis er klar wird.
Birnen auf einem Servierteller
anrichten, Sirup darüberträufeln
und mit Blüten bestreuen. In den
Kühlschrank stellen und gekühlt
servieren.

‚PRINCE HENRY‘ IN EINER ZUCKERMELONE

Es gibt viele eßbare Stiefmütterchen,
Viola ‚Prince Henry‘ ist eine
weitere Art mit blauvioletten Blüten.

Für 2 Personen
1 Zuckermelone
6 Stiefmütterchenblüten
‚Prince Henry‘
2 TL Cointreau

Melone in der Mitte durchschneiden,
Kerne entfernen und den Saft
auffangen. Diesen mit Cointreau
vermischen und in die Melonenhälften
füllen. In jede Hälfte 3 Blüten streuen
und gekühlt servieren.

BLÜTEN KONSERVIEREN

Das Konservieren von Blüten für kulinarische Zwecke ist nicht schwierig, denn meistens geht es nicht darum, die Blüte selbst oder den Duft zu konservieren, sondern ihren Geschmack. Pflanzen blühen nur einmal im Jahr und diesen Moment möchte man einfangen, um länger davon zu profitieren. Herkömmliche Trocknungs- und Gefriertechniken sind zum Konservieren des Blütengeschmacks oft nicht anwendbar. Aus diesem Grund bevorzuge ich Butter, Öl, Gelee und Sirup, worin sich das Blütenaroma entfalten kann. Am besten lassen sich ganze Blüten kandieren.

KONSERVIE-RUNGS-METHODEN VON BLÜTEN

Diese Rezepte enthalten Informationen allgemeiner Natur. Sie können beliebig abgewandelt oder mit verschiedenen Blüten kombiniert werden. Genauere Hinweise finden Sie bei den Beschreibungen der einzelnen Blüten.

BLÜTENBUTTER

Blütenbutter kann wie normale Butter verwendet werden. Rosenblütenbutter schmeckt herrlich in einem nostalgischen Kuchen, als Brotaufstrich oder in einer hellen Sauce, Monardenbutter in Béchamelsauce zu Hühnchen oder Fisch. Versuchen Sie eine neue Karottensuppe, indem Sie die Karotten in Thymianblütenbutter anschwitzen, bevor Sie die Brühe zugießen. Es gibt unzählige Möglichkeiten!

8 EL vorbereitete Blütenblätter
250g ungesalzene oder leicht
gesalzene, weiche Butter

Blütenblätter fein hacken und mit der weichen Butter in einer Schüssel verrühren. Zudecken und bei Zimmertemperatur ein paar Stunden stehen lassen. In einen gut verschließbaren Behälter füllen und für ein paar Tage im Kühlschrank aufbewahren, damit sich das Aroma entfalten kann. Diese Butter ist im Kühlschrank etwa 2 Wochen, tiefgekühlt 3 Monate haltbar. Vergessen Sie nicht, die Butter vor dem Einfrieren zu beschriften!

BLÜTENZUCKER

Blütenzucker kann in jedem Rezept statt normalem Zucker verwendet werden. Sein Aroma ist nicht so intensiv, wie das von Blütenbutter. Blüten mit süßem, ausgeprägtem Duft, wie Lavendel, Rose, Veilchen, Nelke, Minze und Zitrusblüten, eignen sich am besten. Schaumgebäck aus Blütenzucker ist unbeschreiblich köstlich.

BLÜTENZUCKER

Für 4 Personen
*350 g Kristallzucker,
grob oder fein
8–16 EL gehackte Blütenblätter*

Zucker und Blüten in der Küchenmaschine oder mit dem Mixer gut verrühren. Den Blütenzucker in ein Glas füllen, gut verschließen und 1 Woche stehenlassen. Dann Zucker und Blüten sieben und luftdicht verschließen. Sie können abwechselnd Zucker- und Blütenschichten einfüllen, wie ich es mit dem Lavendelzucker gemacht habe (siehe S. 139). Er sieht wunderschön aus, ist jedoch nicht sehr praktisch, denn wenn Sie den Zucker zum Kochen verwenden, kann Ihnen passieren, das Sie in Ihrem Schaumgebäck plötzlich eine große Blüte vorfinden! Übrigens, die oberste Zuckerschicht schmeckt wundervoll!

BLÜTENSIRUP

Blütensirup ist äußerst vielseitig und ideal für Fruchtsalate, Sorbets und alle anderen Desserts, zu denen Sie aromatischen Sirup verwenden können.

*300 ml Wasser
450 g Kristallzucker,
grob oder fein
8-16 EL Blütenblätter oder
6 ganze Blüten, z.B. Holunder,
Mädesüß oder Süßdolde*

Wasser in einem Topf zum Kochen bringen, Hitze reduzieren und unter ständigem Rühren den Zucker zugeben. Sobald er sich aufgelöst hat, Blütenblätter zugeben und unter gelegentlichem Rühren leicht kochen, bis ein Sirup entsteht. Das dauert ca. 8 Minuten. Wenn Sie keine Blütenreste mögen, den Sirup durch Musselin oder ein feines Sieb filtern. Den klaren Sirup in saubere Gläser füllen, abkühlen lassen und gut verschließen. Gekühlt ist der Sirup bis zu 2 Wochen haltbar.

BLÜTENGELEE

Falls in Ihrem Garten viele Apfelbäume wachsen, ist dies die beste Möglichkeit, das Blütenaroma bis in den Winter hinein zu konservieren. Ein Glas Blütengelee ist stets ein köstliches und willkommenes Geschenk.

*Etwa 4 450-g-Gläser
1,75 kg Kochäpfel, gewaschen,
gewürfelt und ohne Kerngehäuse
1,75 l Wasser
1 kg Zucker
6 große, ganze Blüten (Holunder,
Mädesüß, Süßdolde)
8–16 EL Blüten oder Blütenmischung,
je nach Geschmack
4 EL Zitronensaft*

Äpfel mit Wasser in einem großen Topf mit Deckel zum Kochen bringen und köcheln lassen, bis die Äpfel weich und breiig sind. Das dauert je nach Apfelsorte ca. 20–30 Minuten.

Vorsichtig in ein Musselinsäckchen füllen und über Tag oder über Nacht in eine große Schüssel filtern. Danach den Saft abmessen und pro 600 ml Saft etwa 450 g Zucker hinzufügen. In einem Topf aufkochen und die in ein Stück Musselin gewickelten Blüten zugeben. 1 Eßlöffel Blüten zurückbehalten, wenn Sie das Gelee mit den Blüten garnieren möchten. Etwa 20 Minuten lang kochen, bis die Flüssigkeit stockt. Dann die in Musselin gewickelten Blüten entfernen und den Schaum an der Oberfläche abschöpfen. Falls erwünscht Zitronensaft und Blütenblätter einrühren und in warme, saubere Gläser abfüllen. Abkühlen lassen, verschließen und beschriften.

BLÜTENÖLE

Ich bereite sehr gerne Kräuteröle zu. Dies ist eine hervorragende Möglichkeit, das Aroma von Kräutern oder Blüten für kulinarische Zwecke einzufangen. Der zarte Ölgeschmack harmoniert gut mit den intensiveren Blüten, wie Basilikum, Monarde, Thymian und Salbei.

1 Marmeladenglas, gefüllt mit Blüten oder einer Blütenmischung Olivenöl zum Auffüllen. Ich bevorzuge Olivenöl (kein natives Olivenöl), es kann aber auch anderes Pflanzenöl verwendet werden, solange es keinen zu starken Eigengeschmack hat.

Blütenblätter oder ganze Blüten in ein sauberes Glas stecken und mit Öl auffüllen. Die Blüten müssen vollstän-

dig bedeckt sein, sonst werden sie schimmlig. Stellen Sie das Glas auf ein sonniges Fensterbrett und schütteln Sie es in den ersten 4 Wochen, immer wenn Sie daran denken. Dann durch einen Kaffeefilter gießen (übrigens eine gute Möglichkeit, auch andere Flüssigkeiten zu filtern). Füllen Sie das gefilterte Öl in eine hübsche Flasche. Zum Schluß geben Sie noch eine ganze Blüte oder einige Blütenblätter als Dekoration in die Flasche.

BLÜTENESSIG

Blütenessig ist – wie Blütenöl – sehr einfach zuzubereiten. Es ist eine echte Bereicherung für Saucen oder Marinaden. Weißweinessig verändert durch das Erhitzen mit den Blüten oft seine Farbe. Kapuzinerkresseblüten schenken ihm ein warmes Goldorange, die Blüten roter Rosen färben ihn rosarot und Schnittlauchblüten geben ihm einen hellen Lavendelton.

*450 ml Weißweinessig
4–8 EL Blütenblätter*

Verwenden Sie beim Erhitzen von Essig niemals Aluminiumtöpfe, da diese mit der Säure reagieren. Nehmen Sie Töpfe aus rostfreiem Stahl oder Behälter aus Glas. Den Essig immer langsam erhitzen, NIE kochen. Blütenblätter in ein Gefäß mit Deckel geben und bis ca. 1,5 cm unter den Rand mit heißem Essig anfüllen. Bevor Sie den Deckel schließen, Essig auf Zimmertemperatur abkühlen lassen.

3 bis 4 Wochen stehenlassen, dann durch ein Sieb gießen und in eine dekorative Flasche füllen. Mit einer frischen Blüte oder einem Zweig dekorieren. Dies kann auch mit kaltem Essig gemacht werden: einfach fest verschlossene Flaschen mit Blüten, die mit Essig bedeckt sind, auf ein sonniges Fensterbrett stellen. Einmal täglich schütteln und nach 2 bis 3 Wochen den Geschmack und Aroma testen. Bei zufriedenstellendem Ergebnis durch ein Sieb gießen, den Essig in eine andere, saubere Flasche füllen, mit einer Blüte dekorieren und beschriften.

KANDIERTE BLÜTEN

Unter den vielen Kandiermethoden ist jene am gebräuchlichsten, bei der die Blüten in gezuckerten Eischnee, mit oder ohne Alkohol, getaucht werden. Ich bevorzuge allerdings Gummiarabikum und Rosenwasser. Damit sind die Blüten – luftdicht aufbewahrt – einige Monate haltbar. Diese Methode ist jedoch leider etwas zeitaufwendig.

*1 EL Rosenwasser
(In gut sortierten Drogerien erhältlich. Sagen Sie dazu, daß Sie es für kulinarische Zwecke brauchen, dann wird man statt destilliertem Wasser, welches keine Salze mehr enthält, Leitungswasser verwenden. Die Salze sind zur Bakterienbekämpfung nötig.)*

1 TL Gummiarabikum
(in Drogerien oder
Konditoreifachgeschäften
erhältlich)
Puder- oder Kristallzucker
2 feine, dünne, saubere
Künstlerpinsel
Butterbrot- oder Backpapier
Backrost
Luftdichte Behälter

Wichtig beim Kandieren ist die gute Vorbereitung, denn das Endergebnis hängt von der Frische der Blüten ab. Bereiten Sie zuerst die Gummiarabikumlösung zu, indem Sie einen Eßlöffel Rosenwasser in ein kleines Gefäß (mit gut schließendem Deckel und einer Öffnung, die groß genug ist, die Blüten hinein- und herauszubekommen) füllen und einen Teelöffel Gummiarabikumpulver zugeben. Deckel aufsetzen und die Flasche 1 bis 2 Minuten lang schütteln, bis sich das Pulver vollständig aufgelöst hat. Lassen Sie sich nicht dazu verleiten, das Pulver zuerst in den Behälter zu geben und dann das Rosenwasser zuzugießen, dann das erschwert das Auflösen.

Pflücken Sie die Blüten am Vormittag, wobei Sie die schönsten auswählen sollten. Mit Wasser Insekten oder Staub entfernen. Vorsichtig auf einem Küchentuch trocknen. Stiele, grüne Teile und weiße Ansätze von Rosen- und Nelkenblüten entfernen. Blüten vollständig in die Gummiarabikumlösung eintauchen, indem man sie einzeln in die

Flasche fallen läßt. Mit einem der Pinsel wieder aus dem Behälter angeln und auf mit Zucker bedecktes Papier legen. Blüten mit etwas Zucker bedecken, mit dem zweiten Pinsel etwaige Zuckerklümpchen entfernen. Die gezuckerten Blüten zum Trocknen auf einen mit Butterbrotpapier bedeckten Rost in den kalten Ofen legen; die Ofentür sollte offen bleiben. Sobald sich die Blüten hart anfühlen, schichtweise zwischen Butterbrotpapier in einem luftdichten Gefäß oder stabilen Behälter lagern.

BLÜTEN EINFRIEREN

Dies ist eine beliebte Art, Kräuter zu konservieren, da sie rasch und einfach ist. Doch sie eignet sich nur für wenige Blüten, selbst diese sollten noch in der Knospe stehen. Eine ideale Blüte zum Einfrieren ist die Taglilie.

Nach dem Pflücken, falls nötig, kalt abspülen und trockentupfen. Blüten einzeln auf Tabletts ausbreiten, ohne daß sie sich berühren und tiefkühlen. Die gefrorenen Blüten in Plastiktüten füllen und beschriften.

Die Tüten in einen festen Behälter legen, damit die Blüten nicht beschädigt werden. Die Blüten müssen vor ihrer Verwendung nicht unbedingt aufgetaut werden.

Eine andere Möglichkeit, die sich besonders für kleine bzw. einzelne Blüten eignet, ist die Herstellung von Eiswürfeln. Diese können Drinks, Fruchtsalaten und anderen Desserts beigeben werden. Borretsch z.B. sieht in Eiswürfeln sehr dekorativ aus (siehe S. 145).

BLÜTEN TROCKNEN

Ich bin kein großer Befürworter des Trocknens von Blüten für kulinarische Zwecke, da diese, egal wie rasch man dabei vorgeht, ihre frische Farbe und ihre einzigartige Struktur verlieren. Wollen Sie es dennoch ausprobieren, sollten Sie einige grundsätzliche Punkte beachten.

Der Platz zum Trocknen muß dunkel, warm, trocken und gut belüftet sein, wie etwa:
1. Ein geöffneter Backofen bei niedriger Temperatur
2. Ein trockener Schrank
3. Ein Tellerwärmer
4. Ein trockenes Gästezimmer mit geschlossenen Vorhängen und offener Tür
5. Eine Dachkammer oder Mansarde (vorausgesetzt, sie heizt sich nicht zu sehr auf)

Die Temperatur sollte gleichbleibend 21–33 °C betragen.

Wenn Sie den Backofen benützen, sollten Sie die Blüten auf ein Stück mit Löchern versehenes Packpapier legen und regelmäßig kontrollieren, ob den Blüten die Temperatur nicht zu hoch ist.

Bei anderen Trocknungsmethoden werden die Blüten in einer Schicht auf Tabletts oder Trockenrahmen ausgebreitet und mit Musselin oder feinem Netzstoff bedeckt. Dann werden sie an einem luftigen Ort aufgestellt. Die vom Gemüsehändler verwendeten, flachen Holzkistchen sind ideal, da sie stapelbar und dennoch luftdurchlässig sind.

Während der ersten 2 Tage müssen die Blüten mehrmals von Hand gewendet werden.

Eine weitere Methode besteht darin, die Blüten zu kleinen Sträußen von 8 bis 10 Stielen zusammenzubinden und an einer Kleiderablage in einem luftigen, dunklen Zimmer aufzuhängen, bis sie trocken sind. Sie sollten aber die Sträuße nicht zu fest binden, damit sie gut und gleichmäßig trocknen können.

Die Trocknungsdauer ist unterschiedlich und hängt ganz vom Pflanzenmaterial ab. Werden Blüten gelagert, bevor der Trocknungsprozeß abgeschlossen ist, nehmen sie wieder Luftfeuchtigkeit auf und verderben rasch. Die Blütenblätter sollten spröde und hart sein, sich leicht zwischen den Fingern zerbröseln lassen, ohne bei der geringsten Berührung zu zerfallen.

ESSBARE GÄRTEN

Diese 4 Pläne eßbarer Gärten können Sie entweder genauso übernehmen, oder an Ihre Platzverhältnisse und Vorlieben anpassen. Ein wichtiger Faktor beim Anlegen eßbarer Gärten ist ihre Zugänglichkeit, darum sollten Wege geschaffen werden, die alle Pflanzen erreichbar machen.

DER KLASSISCHE GARTEN

Bei diesem Plan hatte ich meinen ersten Garten, einen kleinen Stadtgarten, vor Augen. Das Grundstück war nicht groß, aber ich wünchte mir ein Plätzchen zum Verweilen. Vom Garten sollte möglichst wenig verlorengehen, so legte ich einen Weg an zwischen Hintertür und Bank, die ich mit Sonnenblumen umpflanzte. Als sie schließlich den Zaun überragten und sich der Sonne zuwandten, hatte auch mein Nachbar seine Freude an ihnen. Die mehrjährigen Pflanzen sollen dem Garten Farbe und Form verleihen; mit den einjährigen kann man die Farbpalette von Jahr zu Jahr verändern.

Alcea rosea Stockrosen
Angelica archangelica Engelwurz
Borago officinalis Borretsch
Calendula officinalis Ringelblume
Chamaemelum nobile Römische Kamille
Cichorium intybus Zichorie
Dianthus spp. Nelke
Eruca vesicaria spp. *sativa* Rucola
Filipendula ulmaria Mädesüß
Foeniculum vulgare Fenchel
Helianthus annuus Sonnenblume
Hesperis matronalis Nachtviole
Hyssopus officinalis Ysop
Lonicera caprifolium Jelängerjelieber
Monarda didyma Monarde
Myrrhis odorata Süßdolde
Oenothera biennis Nachtkerze
Pelargonium Pelargonie
Perilla frutescens var. *crispa* Shiso
Primula vulgaris Primel
Robina hispida Robinie
Rosa gallica ‚Versicolor‘ Rosamunde
Rosa ‚Albertine‘ Kletterrose
Rosmarinus officinalis Rosmarin
Salvia officinalis Salbei
Sambucus nigra Holunder
Thymus vulgaris Thymian
Tropaeolum majus Kapuzinerkresse
Viola odorata Duftveilchen

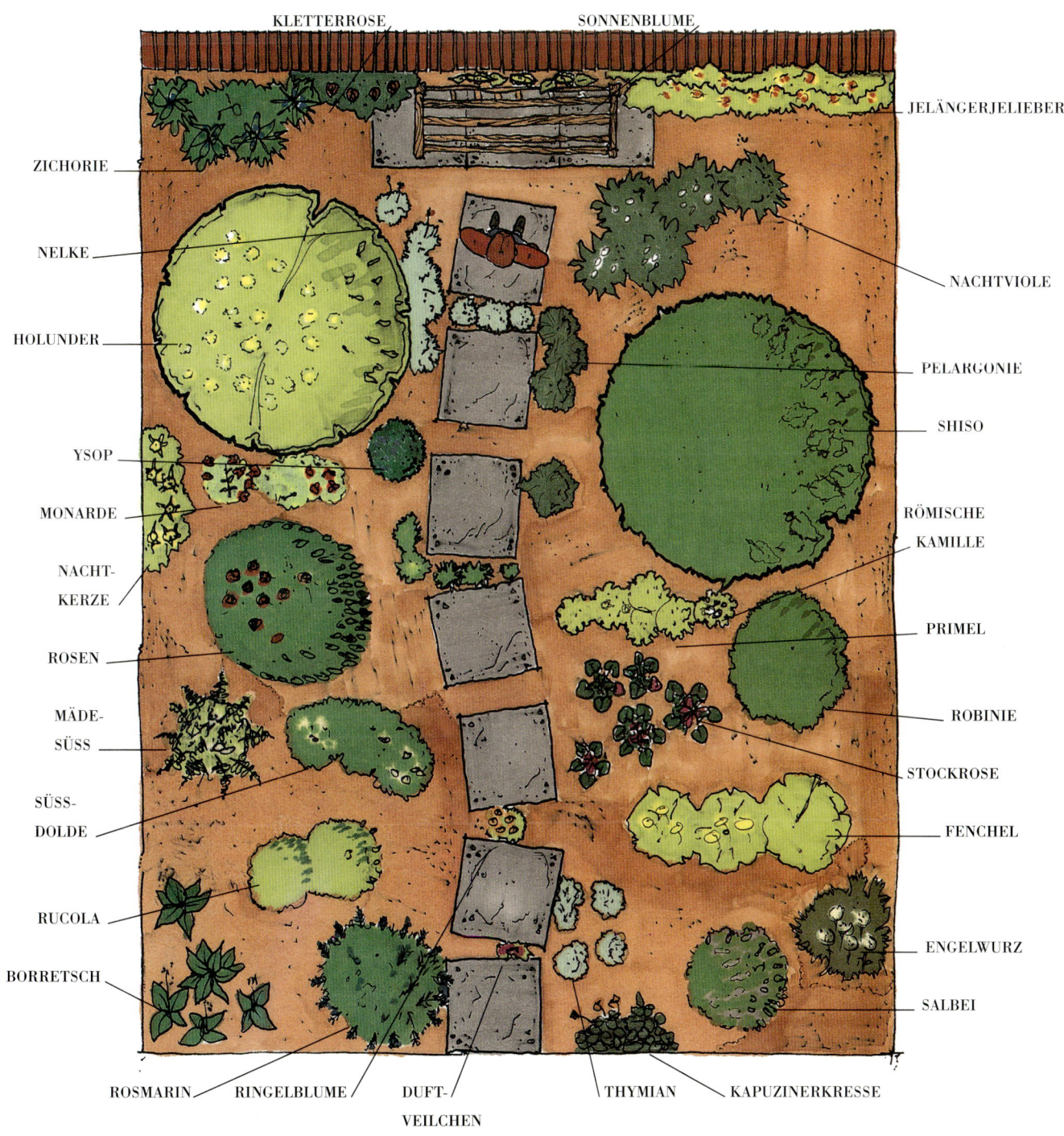

KLETTERROSE

SONNENBLUME

JELÄNGERJELIEBER

ZICHORIE

NELKE

NACHTVIOLE

HOLUNDER

PELARGONIE

SHISO

YSOP

RÖMISCHE
KAMILLE

MONARDE

NACHT-
KERZE

PRIMEL

ROSEN

ROBINIE

MÄDE-
SÜSS

STOCKROSE

SÜSS-
DOLDE

FENCHEL

RUCOLA

ENGELWURZ

BORRETSCH

SALBEI

ROSMARIN   RINGELBLUME

DUFT-
VEILCHEN

THYMIAN   KAPUZINERKRESSE

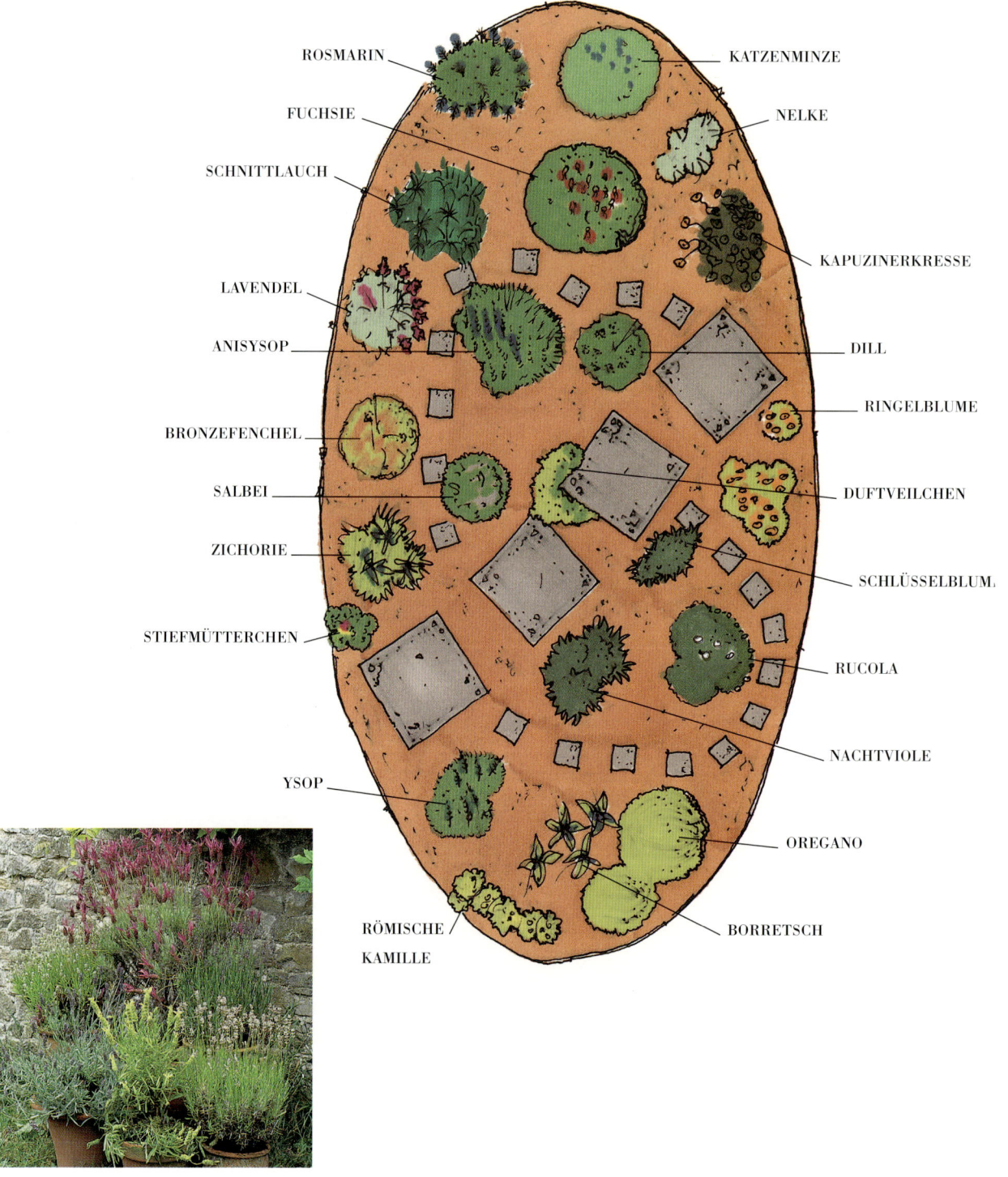

ROSMARIN

KATZENMINZE

FUCHSIE

NELKE

SCHNITTLAUCH

KAPUZINERKRESSE

LAVENDEL

ANISYSOP

DILL

RINGELBLUME

BRONZEFENCHEL

SALBEI

DUFTVEILCHEN

ZICHORIE

SCHLÜSSELBLUME

STIEFMÜTTERCHEN

RUCOLA

YSOP

NACHTVIOLE

OREGANO

RÖMISCHE
KAMILLE

BORRETSCH

DER NATURNAHE GARTEN

Durch die ovale Form des Gartens sind die Pflanzen gut zugänglich. Es ist nützlich, zusätzlich einige Trittsteine einzuplanen, damit auch die in der Mitte wachsenden Pflanzen leicht erreichbar sind. Mit zunehmender Größe der Pflanzen fließen ihre Farben ineinander, was, abgesehen von ihren kulinarischen Vorzügen, auch ein schöner Anblick ist. Dieser Garten ist in Blau gehalten, was Ruhe ausstrahlt. Das Gold der

Ringelblumen und Schlüsselblumen sowie die weiße Kamille lassen das blauviolette Blütenmeer funkeln.

Agastache foeniculum Anisysop
Allium schoenoprasum Schnittlauch
Anethum graveolens Dill
Borage officinalis Borretsch
Calendula officinalis Ringelblume
Chamaemelum nobile Römische Kamille
Cichorium intybus Zichorie
Dianthus spp. Nelke
Eruca vesicaria spp. *sativa* Rucola
Foeniculum vulgare ‚Purpureum‘

Bronzefenchel
Fuchsia spp. Fuchsie
Hesperis matronalis Nachtviole
Hyssopus officinalis Ysop
Lavandula angustifolia Lavendel
Nepeta x *faassenii* Katzenminze
Origanum vulgare Oregano
Primula veris Schlüsselblume
Rosmarinus officinalis Rosmarin
Salvia officinalis Salbei
Tropaeolum majus Kapuzinerkresse
Viola odorata Duftveilchen
Viola tricolor Stiefmütterchen

DER GESELLIGE GARTEN

Dieser Plan hat mir viel Freude bereitet. Ich stellte mir vor, den Eßtisch zwischen die 3 Beete zu stellen und das Menü, indem sich natürlich die einzelnen Blüten wiederfinden, im Freien zu servieren. Der große Vorteil ist, daß jedes Beet sein eigener kleiner Garten ist, wenn man wenig Platz hat, legt man einfach nur ein einzelnes Beet an.

VORSPEISE

Coriandrum sativum Koriander
Hemerocallis spp. Taglilie
Perilla frutescens var. *crispa rubra*
Purpurfarbener Shiso
Tropaeolum majus ‚Empress of India'
Kapuzinerkresse ‚Empress of India'

HAUPTSPEISE

Chrysanthemum coronarium
Kronen-Wucherblume

Cucurbita pepo var. green bush F1
Zucchini
Monarda fistulosa Monarde
Oenothera biennis Nachtkerze
Thymus vulgaris Thymian

NACHSPEISE

Angelica archangelica Engelwurz
Fuchsia spp. Fuchsie
Phlox paniculata ‚Album'
Weißer Phlox
Viola odorata Duftveilchen
Viola tricolor Stiefmütterchen

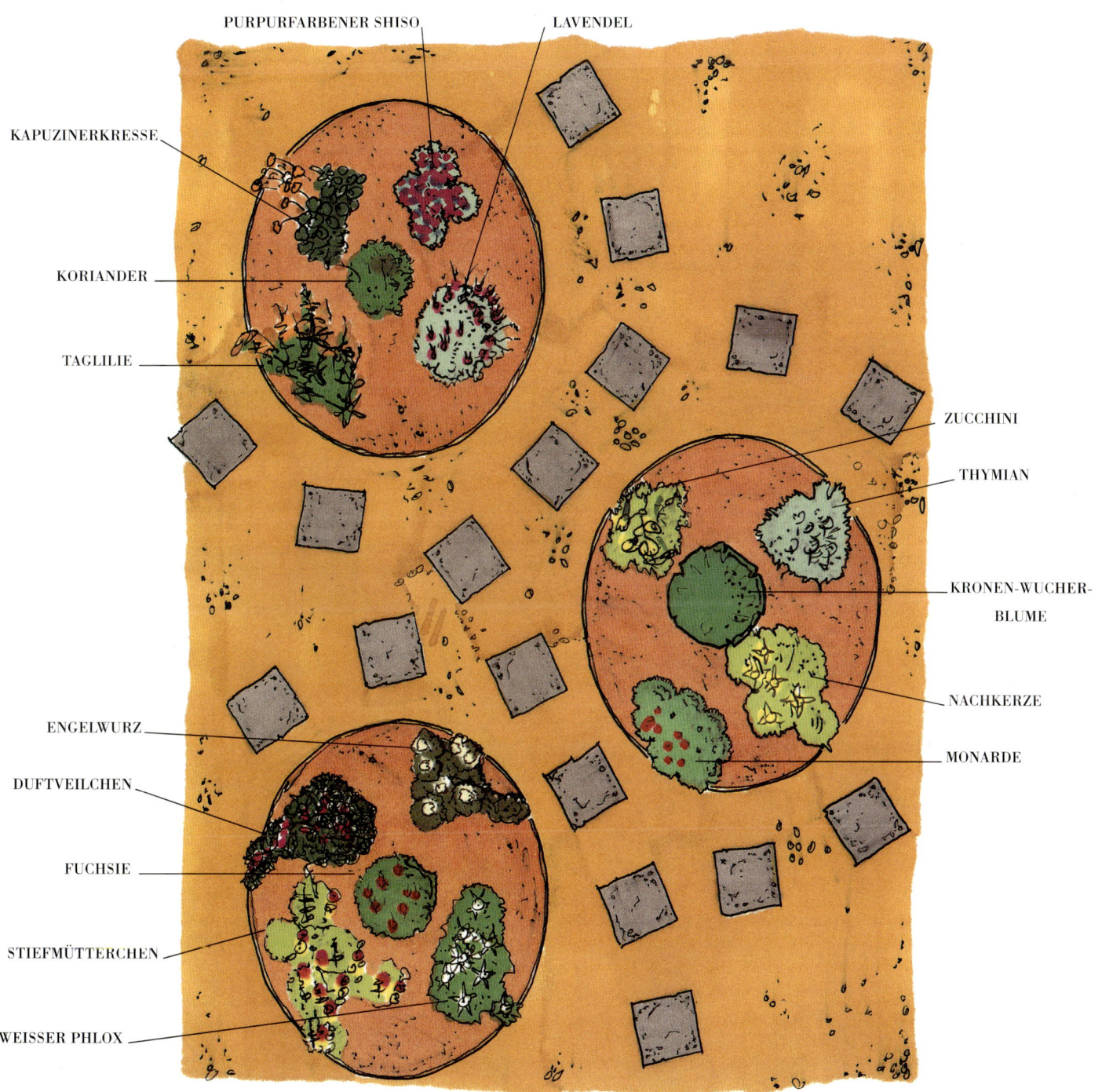

PURPURFARBENER SHISO

LAVENDEL

KAPUZINERKRESSE

KORIANDER

TAGLILIE

ZUCCHINI

THYMIAN

KRONEN-WUCHER-BLUME

NACHKERZE

MONARDE

ENGELWURZ

DUFTVEILCHEN

FUCHSIE

STIEFMÜTTERCHEN

WEISSER PHLOX

RUCOLA

SCHNITTLAUCH

BASILIKUM

YSOP

BLUMENKASTEN MIT ESSBAREN BLÜTEN

Das Geheimnis schön gedeihender Kübelpflanzen ist guter Topfkompost. Herkömmliche Blumenerde, versetzt mit etwas Splitt, eignet sich für die meisten Pflanzen. Ein anderer Tip ist, die Pflanzen während der Blüte reichlich zu gießen. Da Kübel das natürliche Wachstum der Pflanzen einengen, sollte man im Frühjahr und Sommer regelmäßig düngen, vor allem dann, wenn eine reiche Blütenernte erwünscht ist. Für diesen Blumenkasten habe ich diese Pflanzen ausgewählt:

Allium schoenoprasum Schnittlauch
Eruca vesicaria spp. *sativa* Rucola
Hyssopus officinalis Ysop
Ocimum basilicum Basilikum

Ihrer Phantasie sind keine Grenzen gesetzt; Sie müssen nur darauf achten, daß die Pflanzen nicht zu groß und vom Wind umgeknickt werden, und daß sie andere Pflanzen nicht verdrängen. Eine besonders bunte Mischung ist:

Calendula officinalis Ringelblume
Helianthus ‚Big Smile‘
Zwergwüchsige Sonnenblume
Tropaeolum majus ‚Empress of India‘
Kapuzinerkresse ‚Empress of India‘

Bei den einzelnen Pflanzen erfahren Sie, ob sie auch in Kübeln gedeihen. So können Sie selbst einen Blumenkasten zusammenstellen.

154

ALLGEMEINER LEITFADEN ZUM GENUSS VON BLÜTEN

Bevor Sie Pflanzen oder Blüten essen, müssen Sie sichergehen, daß sie auch genießbar sind. In diesem Buch werden die geläufigsten eßbaren Blüten beschrieben, und Sie finden auf Seite 157 eine Liste der häufigsten ungenießbaren Pflanzen. Keine der Listen ist vollständig, Sie sollten deshalb sicherheitshalber nur jene Pflanzen essen, von deren Genießbarkeit Sie restlos überzeugt sind.

Versichern Sie sich, daß die Pflanzen nicht mit Spritzmitteln oder Chemikalien behandelt wurden, vor allem dann, wenn es sich um gekaufte handelt. Denken Sie daran, daß Pflanzen, die nicht als Speisepflanzen gezogen werden, nicht den strengen chemischen Richtlinien unterliegen. Pflücken Sie niemals Blüten für kulinarische Zwecke vom Straßenrand, da diese durch Straßenverkehr und Staub verschmutzt sind. Am besten ist es, wenn Sie selbstgezogene Blüten verwenden, bei denen Sie sicher sein können, daß nur organisch-biologische Methoden angewendet wurden.

Wenn Sie während eines Spaziergangs auf dem Lande Lust haben, wildwachsende Pflanzen zu pflücken, sollten Sie daran denken, daß manche Pflanzen unter Naturschutz stehen, wie etwa Schlüsselblumen oder Veilchen, um nur die beiden zu nennen. Wenn Sie jedoch ein ganzes Löwen-zahnfeld vor sich sehen und sich an einem Löwenzahnwein versuchen möchten (siehe S. 124), dann wird der darum gebetene und mit der Aussicht auf eine Flasche Wein gewonnene Bauer sicher nichts dagegen haben, wenn Sie sich die benötigten Blütenköpfe abpflücken, es sei denn, er möchte ebenfalls Wein herstellen.

Manche Blüten werden nur zum Dekorieren von Speisen verwendet und sind nicht eßbar, wie etwa Gartenwicken, Narzissen und Butterblumen. Seien Sie vorsichtig, und sehen Sie in der Liste ungenießbarer Blüten nach. Wenn Sie unsicher sind, so gilt: Essen Sie die Blüten lieber nicht. Leiden Sie unter Heuschnupfen oder Asthma, sollten Sie besonders vorsichtig sein. Essen Sie zuerst nur eine winzige Menge der von Pollen gereinigten Blütenblätter, und warten Sie ab, ob eine Reaktion eintritt.

Blüten sollten an einem trockenen Tag gepflückt werden, wenn sie noch in der Knospe stehen oder sich gerade geöffnet haben. Die beste Tageszeit zum Ernten ist der Vormittag, wenn der Tau getrocknet ist, die Sonne noch nicht zu heiß scheint und den Pflanzen ihre essentiellen Öle entzogen hat. In voller Blüte stehende Pflanzen haben einen weniger intensiven Geschmack.

Blüten behutsam mit kaltem Wasser waschen, damit Insekten und Staub entfernt werden, und mit Küchenpapier trockentupfen. Immer alle grünen Teile (Stiele, Kelchblätter) der Blüten, ihre Staubgefäße und Stempel entfernen, bevor Sie sie essen, denn die Pollen können bei empfindlichen Personen allergische Reaktionen auslösen. Bei manchen Blüten sind nur die Blütenblätter eßbar, wie etwa bei Rosen, Nelken, Ringelblumen, Chrysanthemen und Lavendel (genauere Informationen darüber finden Sie bei den Beschreibungen der einzelnen Pflanzen). Werden nur die Blütenblätter gegessen, müssen diese unmittelbar vor ihrer Verwendung von der Blüte gezupft werden, damit sie nicht welken. Die weißen Blattansätze von Rosen oder Nelken sollten aufgrund ihres bitteren Geschmacks vor dem Verzehr entfernt werden.

Wenn Sie zum ersten Mal eine Blüte probieren, sollten Sie zunächst nur die Blütenblätter essen. Lassen Sie sich Zeit beim Genießen, das Aroma wird Sie begeistern. Sollten Ihnen diese Blüten nicht so ganz zusagen, probieren Sie andere, wie etwa die erfrischenden Minzeblüten. Beginnen Sie mit kleinen Mengen, um sich, Ihre Familie und Freunde an die neuen, erstaunlichen Geschmackserlebnisse zu gewöhnen!

UNGENIESSBARE BLÜTEN

Dies ist eine nützliche Liste GIFTIGER BLÜTEN UND PFLANZEN. Die Liste ist zwar NICHT vollständig, enthält aber bestimmt all jene Pflanzen, mit denen Sie normaleweise in Berührung kommen. Ich möchte nochmals betonen, Sie müssen sich ganz sicher sein, ob die Blüte eßbar ist, ehe Sie sie essen!

BOTANISCHER NAME	WEITERE NAMEN	BOTANISCHER NAME	WEITERE NAMEN
Aconitum napellus	Sturmhut, Eisenhut	Hedera helix	Efeu
		Helleborus foetidus	Nieswurz
Acorus calamus	Kalmus	Helleborus niger	Christrose
		Helleborus viridis	Grüne Nieswurz
Actaea spicata	Christophskraut	Hyacinthus orientalis	Hyazinthe
Aethusa cynapium	Hundspetersilie	Hyoscyamus niger	Bilsenkraut
Agrostemma githago	Kornrade	Iris spp.	Schwertlilie, alle Arten
Anemone spp.	Anemone, alle Arten	Lathyrus spp.	Platterbse, alle Arten
Aquilegia vulgaris	Akelei	Ligustrum vulgare	Liguster, Rainweide
Arnica montana	Arnika	Mercurialis perennis	Bingelkraut
Arum maculatum	Aronstab	Narcissus spp.	Narzisse, alle Arten
Atropa belladonna	Tollkirsche	Oenanthe crocata	Wasserfenchel
Bryonia dioica	Zaunrübe, Alraunwurzel	Ornithogalum umbellatum	Stern von Bethlehem
		Prunus laurocerasus	Kirschlorbeer, Lorbeerkirsche
Buxus spp.	Buchsbaum, alle Arten	Ranunculus spp.	Hahnenfuß, alle Arten
Caltha palustris	Sumpfdotterblume		
Colchicum autumnale	Herbstzeitlose	Rhododendron spp.	Rhododendron bzw. Azalee
		Solanum dulcamara	Bittersüßer Nachtschatten
Conium maculatum	Gefleckter Schierling		
Convallaria majalis	Maiglöckchen	Solanum tuberosum	Kartoffel
Digitalis purpurea	Roter Fingerhut	Vinca spp.	Immergrün, alle Arten
Euonymus europaeus	Pfaffenhütchen und andere Spindelstraucharten	Viscum album	Mistel
		Wisteria spp.	Glyzine, Wistarie, alle Arten
Euphorbia spp.	Fast alle Wolfsmilcharten		

INDEX

Kulinarische Verführungen

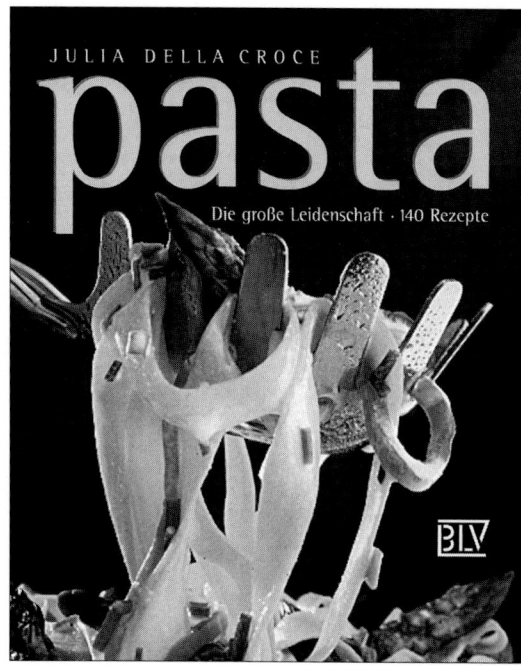

Julia della Croce
Pasta
Die große Leidenschaft · 140 Rezepte
Genuß in unendlicher Vielfalt: köstliche Originalrezepte
für traditionelle italienische Pasta-Klassiker, regionale
und ausgefallene Spezialitäten – alle leicht nachzu-
kochen – mit 250 Farbfotos, die Appetit machen.

Oded Schwartz
Augenschmaus & Gaumenfreude
Hausgemachte Vorräte zum Genießen und Verschenken
Opulent ausgestatteter Bildband mit über 150 Rezepten aus
aller Welt für süße und pikante Leckerbissen – mit traditionellen Konservierungstechniken, praxisgerecht aufbereitet
und Schritt für Schritt leicht nachvollziehbar.